# Vivre ensemble
## la maladie
## d'un proche

DU MÊME AUTEUR

*Vivre le deuil au jour le jour*
Albin Michel, 1995

*Le Couple brisé*
Albin Michel, 2002

Dr Christophe Fauré

# Vivre ensemble
# la maladie
# d'un proche

Aider l'autre et
s'aider soi-même

Albin Michel

*Ouvrage publié sous la direction
de Mahaut-Mathilde Nobécourt*

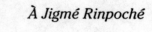

*À Jigmé Rinpoché*

« Nous t'avons beaucoup aimé,
Mais cet amour restait muet, voilé de voiles
Pourtant, à cette heure, il s'écrie à voix forte, voudrait
se dresser devant toi,
Car l'on sait bien que l'amour ignore toujours sa propre
profondeur, jusqu'au jour des adieux. »

Kahlil Gibran, *Le Prophète*

# Sommaire

# Introduction

Ce livre, vous auriez souhaité ne jamais devoir le lire car il signifie que quelqu'un que vous aimez est malade, et que cette personne l'est suffisamment pour que sa vie en soit aujourd'hui menacée.

Devant cette situation nouvelle, vous pensez ne rien savoir et, en même temps, vous sentez qu'on attend quelque chose de vous. Assailli par les doutes et les interrogations, vous voudriez mettre tout votre cœur dans cette terrible entreprise, mais vous vous trouvez totalement démuni.

Quand on chemine auprès de quelqu'un de très malade, on en arrive rapidement au constat que même l'amour ou le plus profond désir de bien faire ne suffit pas pour affronter la violence quotidienne de la maladie grave. Quelque chose en plus est nécessaire pour aller plus loin.

Ce livre ne pourra pas répondre à toutes les questions que vous vous posez : je ne sais pas où vous en êtes et j'ignore ce dont vous avez besoin aujourd'hui. En revanche, vous y trouverez quelques repères pour baliser votre route, des conseils ou des outils, pour mieux comprendre ce que vous êtes en train de vivre. Ils ont, au fil des années, aidé d'autres personnes faisant face aux mêmes difficultés.

J'ai trop souvent lu la solitude dans les yeux des proches de patients gravement malades pour ne pas penser que, vous aussi, vous vous retrouvez seul. Rien ni personne ne nous prépare à vivre au jour le jour avec la maladie d'un être aimé. En effet, qui peut vraiment comprendre, s'il ne l'a pas vécu lui-même, ce que l'on ressent quand la nuit tombe et qu'on se retrouve seul, face à quelqu'un qui est constamment en demande et qu'on ne parvient pas à aider comme il en aurait besoin ? Même si l'entourage est présent et attentif, on a rapidement compris qu'il avait ses limites. On sait déjà qu'il faut, finalement, apprendre à ne compter que sur ses propres ressources.

Un ami m'a dit un jour qu'il ne fallait pas en faire trop au sujet de la souffrance des proches car « quoi qu'on en dise, ce ne sont pas eux qui sont malades ! » Certes, mais est-ce une raison pour ne pas prendre en compte ce que les proches sont en train de traverser ? Au nom de la souffrance du malade, devrait-on faire abstraction de ceux qui l'accompagnent, considérer que faire attention à eux est secondaire, voire inopportun ? J'ai rencontré bien des proches véritablement détruits par un accompagnement où ils s'étaient totalement investis et négligés. En s'oubliant eux-mêmes. Que la personne malade guérisse ou non, ceux qui vivent cette épreuve avec elle portent aussi des blessures et des cicatrices, et ce n'est pas parce qu'ils n'en parlent pas – à cause du caractère jugé indécent de leurs plaintes – qu'elles n'existent pas ! Cette ignorance des proches ne fait qu'ajouter à leur solitude et à leur enfermement émotionnel.

Ce livre est écrit pour vous. Il parle de vous. Il s'appuie sur des années de proximité avec la maladie grave et de partage intime de l'expérience de ceux qui vivent, ou ont vécu, la maladie d'une personne aimée. Peu importe alors que vous soyez la mère, le frère, la compagne ou l'ami(e) de toujours ; peu importe que les liens qui vous unissent au malade soient de sang, d'amour ou d'amitié. Ce qui compte ici, c'est la proximité de cœur entre vous et lui, car c'est ce qui fait que vous allez être directement touché par ce qui lui arrive.

Le nom de la maladie est rarement spécifié, car ce n'est pas le type exact de la pathologie qui importe le plus ; avec chacune sa spécificité, ces affections ont en commun qu'elles menacent l'existence même de ceux qui en souffrent. Qu'il s'agisse de cancer, de Sida ou de maladies neurologiques, l'angoisse est la même ; les errances et les doutes prennent la même tonalité. Les stratégies de protection psychique que l'on met en place, consciemment ou inconsciemment, pour faire face à cette angoisse sont très souvent similaires et superposables.

Je ne parle pas ici des parents accompagnant un enfant malade. La situation est très différente et mérite de longs développements pour lesquels il existe des ouvrages spécifiques.

L'objectif de ce livre est de vous aider. Il n'existe pas de solutions toutes faites, applicables à n'importe quelle situation, car ce qui peut être bénéfique pour une personne donnée peut se révéler catastrophique pour une autre, dans une situation semblable. Le champ de la maladie grave est bien trop vaste pour que tous les cas de figure puissent être abordés. Vous êtes unique, cette personne l'est également. Cependant, le vécu de la maladie induit des réactions communes dans lesquelles il vous sera possible de vous reconnaître et de vous identifier ; mais n'oubliez jamais que ce qui prime, c'est *d'abord* votre perception et votre compréhension des événements. *Après* seulement, il est possible d'ajuster le tir, grâce à une lecture ou aux conseils d'une autre personne. Mais il est essentiel de vous faire confiance et d'apprendre à écouter votre intuition. Si ce que vous lisez n'est pas en harmonie avec ce que vous pensez intimement, il est impératif de suivre en premier lieu la voie de votre sagesse intérieure. On peut, bien sûr, se tromper : c'est humain, mais répétons-le, on doit avant tout apprendre à se faire confiance.

Sans cesse, ces pages vont vous inviter à revenir sur vous-même et sur la façon dont vous prenez soin de vous. Vous pouvez accomplir beaucoup pour votre malade, mais sachez que vous pouvez aller beaucoup plus loin avec lui si vous apprenez à **vraiment vous occuper de vous**.

La première partie de ce livre se concentre sur vous, en tant qu'accompagnant : vous y trouverez les pièges dans lesquels il vous faut éviter de tomber, ainsi que des explications sur le comportement parfois déroutant du malade. Vous apprendrez à reconnaître l'impact psychologique de la maladie et ses conséquences. La seconde partie a pour objectif de vous aider à communiquer plus efficacement avec autrui au cours de la maladie : avec le malade lui-même, avec ses médecins, avec un enfant dont un parent serait gravement malade, et enfin avec vous-même, afin de vous inviter à prendre aussi soin de vous. La troisième partie couvre le champ de la fin de vie.

Je voudrais pouvoir vous dire que la souffrance, l'amertume ou la fatigue pourront vous être épargnées grâce à cette lecture, mais ce serait vous mentir et nier la réalité car, aussi préparé qu'on puisse être, il y a des situations contre lesquelles il est impossible de lutter. Ce livre peut seulement vous aider. Il sera peut-être parfois difficile à lire car il réactive beaucoup de choses et il vous confronte à des réalités pénibles. Si vous sentez que vous ne pouvez pas aller plus loin, à un moment ou à un autre, arrêtez votre lecture pour un temps. Il est inutile de vous faire violence à lire quelque chose qui vous bouleverse trop. Allez directement à ce qui est important pour vous aujourd'hui, en laissant le reste pour plus tard.

En janvier 1988, alors que j'étais étudiant en médecine à l'hôpital de l'Institut Pasteur, un jeune homme fut hospitalisé en urgence à un stade avancé de Sida. Sous la supervision de l'interne, je commençai à m'occuper de ce patient et, au fil de son hospitalisation, nos entretiens se teintèrent d'une réelle sympathie. Grâce à mon savoir médical encore tout neuf, je tentais de répondre, plus ou moins maladroitement, au feu de ses questions, mais, progressivement, je sentais que je perdais pied, car, humainement, je n'arrivais pas à suivre! Je me trouvais de plus en plus désemparé quand son angoisse débordait le cadre de nos échanges et imprégnait l'espace d'insupportables silences. Je me souviens d'attitudes de retrait et de protection de ma part, du fait de mon ignorance, attitudes que je regrette encore. Quelques mois plus tard, j'ai quitté ce service et, emporté par le flot de mes études, en dépit de la complicité qui avait pu s'instaurer, j'ai perdu de vue ce malade. En apprenant sa mort quelques semaines après, confronté à mes remords et à ma culpabilité, j'ai compris que quelque chose d'essentiel m'avait totalement échappé. C'était il y a bien longtemps ; et malgré toutes ces années passées en tant que psychiatre auprès de patients, cancéreux ou sidéens, et de leurs proches, je pense encore à lui aujourd'hui, car je porte en moi des traces de cette première histoire ratée.

C'est en écho à ces silences et à toutes ces questions d'autrefois laissées en suspens, que j'ai rassemblé dans ce livre quelques réponses acquises auprès d'autres patients qui, comme celui-ci, m'ont enseigné ce qui compte vraiment. Ceci est peut être pour moi une façon de réparer un peu de ce passé. Mais j'espère surtout qu'il vous aidera à apaiser votre présent.

# CHAPITRE 1

# VIVRE AUPRÈS D'UN PROCHE TRÈS MALADE

## Vous en souvenez-vous ?

Ce fut un imperceptible tremblement de main alors qu'elle versait le café, ou cette toux persistante qui chaque nuit le réveillait, en dépit des nombreux traitements antibiotiques, ou encore son regard soucieux, au sortir de la douche, quand elle venait de découvrir une masse suspecte au sein droit. Ce jour-là, tout a basculé. Mais comment deviner que rien, plus rien, ne serait désormais comme avant ?

Un matin, cette personne que vous aimez est revenue de chez le médecin : il lui avait donné des résultats d'examens parlant de cellules cancéreuses, de séropositivité, de lésions neurologiques ou de tout autre diagnostic qui, par sa gravité, jetait une ombre menaçante sur son existence. « Je ne voulais pas t'en parler avant. » Elle préférait attendre le résultat des analyses. Mais, alors que s'abattait sur elle la réalité d'une maladie grave, elle venait vous solliciter, car elle avait besoin de vous.

Pour d'autres, c'est dans l'agitation anxieuse d'une hospitalisation en urgence que la maladie grave surgit brusquement. À la surprise de tous, un problème de santé vient révéler un processus pathologique qui évoluait à bas bruit depuis longtemps et c'est au chevet d'un malade déjà gravement atteint que le médecin annonce le terrible diagnostic.

Vous en souvenez-vous ? C'était hier. En un mot, une phrase, sans que rien, jusqu'ici, ne vous y ait préparé, vous vous êtes retrouvé dans l'obligation d'accompagner dans la maladie grave quelqu'un que vous aimiez.

Vous vous êtes retrouvé au pied du mur : qu'attend-on de moi ? Au nom de vos liens avec cette personne, vous pressentiez une sorte de responsabilité à son égard, comme un devoir, une mission à accomplir. Vous vouliez pouvoir assumer cela avec courage et détermination, comme un témoignage d'amour ou d'amitié. Être à la hauteur. Mais à la hauteur de quoi, véritablement ? Il était alors presque impossible de prendre du recul face au tourbillon des événements. Vous ne pouviez pas vous accorder un temps de réflexion sur ce que vous étiez en train de vivre car vous étiez happé par l'urgence de la situation.

Que se passait-il dans le secret de vos pensées ? Que ressentiez-vous, alors que toute l'attention se concentrait de façon légitime sur le malade ? Y avait-il quelqu'un qui se donnait la peine de vous regarder et de vous demander où vous en étiez ? Qui prenait en compte votre propre souffrance, vos émotions ?

Aujourd'hui, vous avez besoin de comprendre et de trouver, sinon des réponses, du moins des repères. Vous savez maintenant que vous êtes vous-même victime du cancer de cette personne proche, de son sida, de sa sclérose en plaques, de sa maladie d'Alzheimer, ou de toute autre maladie grave qui hypothèque son existence. Les combats que vous livrez à ses côtés s'inscriront profondément dans votre histoire. Leur violence pourra déteindre sur le cours de votre vie ; et si cette personne venait à mourir, vous sentez bien que, d'une certaine façon, vous continueriez à vivre avec sa maladie.

Ainsi, s'il est important de focaliser votre énergie sur ce malade qui a besoin de vous, il est impératif d'apprendre aussi à prendre soin de vous. « Moi, ça ne compte pas. C'est lui qui est important ! » C'est vrai : vous n'êtes pas malade et il vous est demandé de lui apporter le maximum d'attention. Oui, mais à quel prix ? Jusqu'où peut-on aller sans commencer à se détruire soi-même ? Dévoué corps et âme, on perd parfois la juste mesure, au point de s'oublier soi-même dans la maladie.

Tel est le difficile équilibre à rechercher : ni trop loin du malade, ni trop près ; dans le respect de ce qu'il est et de ce que vous êtes. C'est un réel effort à fournir tout au long de la maladie. Apprendre à s'occuper de soi tout en prenant soin de l'autre, sans excès ni épuisement extrême : voilà l'objectif à se fixer.

## DES PIÈGES À ÉVITER

Le diagnostic annoncé, on éprouve le besoin de se situer par rapport au malade. « Que puis-je faire ? Comment aider ? Comment être le plus efficace possible ? »

### Le plan de bataille

Ces questions conduisent spontanément à l'élaboration de ce qu'on pourrait appeler une stratégie de soins. Comme un plan de bataille qu'on se construit, même si on n'en a pas toujours conscience. Il est toujours sous-tendu par un secret espoir : si on fait « tout bien », on contribuera à sauver cette personne qu'on aime.

Or ce plan d'action est toujours biaisé. On le bâtit à la lumière de notre histoire, avec nos convictions, nos cicatrices, nos doutes et nos certitudes. À travers nos actes se révèlent notre vision du monde et notre façon de nous protéger des agressions de la vie. C'est donc à partir de ce matériel psychologique – largement inconscient – que s'élabore notre programme. Il est évident que notre marge d'erreur est importante. Notre évaluation de la situation n'est parfois pas très juste. C'est inévitable !

Très souvent, on est amené à en faire trop, dans le souci de bien faire. Le mieux devient alors l'ennemi du bien. On risque, par exemple, de devenir trop interventionniste ; on veut avoir un regard sur tous les faits et gestes du malade : son alimentation, son hygiène de vie, ses temps de repos, ses loisirs, etc. On est en fait tellement anxieux qu'on en devient rigide ! Avec le risque de créer rapidement une pression psychologique insupportable, même si nos actes avaient pour objectif initial de soulager ou de rendre service.

> « Dès que j'ai appris que j'avais un cancer, raconte cette femme de 40 ans, mon mari est devenu invivable ! Il a commencé à être aux petits soins. C'était agréable au début, mais, progressivement, il en est venu à me demander toutes les cinq minutes si tout allait bien. Je n'avais plus le droit de faire quoi que ce soit, alors que j'étais en totale possession de mes moyens. J'étais furieuse, car j'avais l'impression d'être infantilisée. À un moment, j'ai craqué et il a fallu que je le remette à sa place. Ça lui a fait de la peine car il pensait bien faire, mais son attitude était beaucoup plus destructrice que s'il n'avait rien fait. »

Hyperprotéger le malade dont vous vous occupez peut s'avérer très toxique pour lui. Une trop grande présence où il n'a plus de place pour respirer psychologiquement et une trop grande sollicitude, en rupture avec votre façon habituelle de vous comporter avec lui, risquent de modifier vos rapports. Cela ne fait que souligner pour le malade combien il est différent dorénavant. On peut même aller jusqu'à le priver d'une partie de sa liberté d'action et de décision, sous prétexte que c'est bon pour lui.

On tente d'appliquer à la situation des solutions qu'on jugerait appropriées pour soi-même dans les mêmes circonstances, en oubliant que la personne malade a des besoins ou des priorités qui ne sont pas superposables aux nôtres. Il y a là un risque de conflit entre le malade qui a son point de vue et le proche qui refuse de lâcher du lest par rapport à son programme. Ce dernier énonce : « Je sais ce qui est bon pour toi », et le malade se révolte, car il a l'impression qu'il n'a plus son mot à dire !

Tant qu'il a la force de réagir à ce qu'il juge être une intrusion dans son territoire, il est en mesure de faire respecter ses choix. Cependant, s'il est trop affaibli par la maladie pour pouvoir riposter, il se voit réduit à subir des décisions qu'il n'approuve pas, avec un sentiment d'impuissance et de rancœur vis-à-vis de ceux qui essaient de l'aider.

Parfois, on ne réalise pas qu'on est sans cesse en train de pousser le malade : le pousser à manger, le pousser à sortir, le pousser à prendre ses médicaments, etc. On met la pression et on ne s'en rend pas compte : c'est une façon détournée (et inconsciente) de manifester notre peur face à la maladie.

Mais à la longue, à force d'exercer une résistance passive à cette pression constante, la personne malade peut en arriver à se sentir coupable de ne jamais être à la hauteur de notre sollicitude. Au bout d'un moment, il se peut qu'elle n'ose plus réagir contre ce qu'on lui impose, car elle se sent ingrate de remettre en question tant d'efforts déployés pour elle. Parfois aussi, c'est la peur qui, progressivement, la réduit au silence : peur d'être rejetée et abandonnée si elle persiste à résister à l'aide qu'on lui apporte avec autant de bienveillance. Alors, elle choisit de se taire ; elle cède (à la plus grande satisfaction de l'entourage qui y voit un retour à la raison) et souscrit à ce qu'on attend d'elle. Il en résulte un sentiment de frustration qui ne peut que renforcer un éventuel sentiment de solitude et d'impuissance.

## *Faire confiance*

Au lieu de deviner les pensées et les besoins de la personne malade (source d'erreurs d'interprétation), on a tout à gagner à s'en remettre à elle. Comme le dit avec justesse un patient : « Il faut que l'entourage fasse confiance au malade. Il faut avoir confiance en ses intuitions, en sa capacité à se battre et à communiquer ce qu'il désire pour lui-même. »

La personne malade a mené sa vie jusqu'à maintenant et, en dehors des circonstances extrêmes où la conscience n'est pas préservée, elle est toujours à même d'énoncer ses désirs et ses besoins. Ce que redoute le plus le malade, c'est la mainmise progressive de son entourage sur sa vie de tous les jours. Ainsi, si la maladie évolue et que, au fil du temps, il perd de son autonomie (transitoirement ou définitivement), il est capital de tout faire pour lui restituer le plus de pouvoir et de champ d'action possibles.

> Une femme, s'occupant d'un ami touché par le sida, donne un exemple de ce que signifie pour elle « redonner du contrôle sur la vie » : « Il me dit que je l'aide en étant là, en faisant des choses pratiques que lui ne peut plus accomplir. J'ai le souci de toujours tenir les promesses que je lui fais : être ponctuelle à nos rendez-vous, ou lui apporter exactement le papier administratif dont il a besoin ou le magazine qu'il m'a demandé. Ainsi, me dit-il, je ne lui souligne pas combien il a besoin de moi, combien il est impuissant à agir seul et combien il est dépendant d'autrui. »

Il existe bon nombre d'actes que le malade peut accomplir seul (même si cela lui demande un effort) et qu'on s'obstine pourtant à faire à sa place. Aller lui chercher un verre d'eau alors qu'il peut le faire seul, l'habiller quand il en est encore capable, après tout, ce n'est pas grand-chose, mais de petit détail en petit détail, le champ d'action de la personne malade peut considérablement se réduire, sans même qu'on y prenne garde. Ceci se fait également à notre détriment, car on se trouve insensiblement (mais de plus en plus) sollicité au quotidien.

## Le piège de la surdépendance

On parle de surdépendance de la part du malade, quand celui-ci délègue à son proche des décisions qui le concernent directement, alors qu'il est tout à fait capable de les prendre lui-même. C'est la conséquence d'une **trop grande prise en charge** du malade par les proches. Insensiblement, le malade décide de moins en moins pour lui-même et s'en remet totalement à son proche privilégié pour qui le piège est insidieux car, au début, il est heureux d'être aussi utile pour cette personne qui le sollicite autant ; cela le valorise (et le flatte aussi peut-être) dans le rôle de celui qui sait si bien prendre soin d'autrui. Mais le malade peut, imperceptiblement, s'installer dans une attitude de déresponsabilisation où toute décision est déléguée. Le proche risque de se trouver enfermé dans ce mode de fonctionnement : quand il arrivera à ses limites et qu'il ne pourra plus donner ce que le malade demande, on pourra lui en faire le reproche. De même, si les décisions prises pour le malade ne sont pas les bonnes finalement, ce dernier pourra l'en accuser, voire le culpabiliser pour avoir fait le mauvais choix !

Pour éviter cette situation qui s'installe sans même qu'on le remarque, il est important de se rappeler deux points importants :

• tout d'abord, il ne faut pas faire de promesses qu'on ne pourra pas tenir (si vous ne promettez pas la lune, personne ne vous reprochera de ne pas pouvoir la décrocher !) ;
• ensuite, il faut refuser d'assumer des décisions que la personne malade est capable de prendre pour elle-même. On peut bien sûr l'aider à réfléchir sur les meilleures options, mais la décision finale doit être la sienne.

Contrairement à ce qu'on pourrait penser, agir ainsi est une marque de respect envers cette personne : on l'aide à être responsable de ses choix et on la considère comme véritable actrice de son existence. Là encore, on lui montre qu'on a confiance dans sa capacité à prendre soin d'elle-même. Plus tôt on essaie de mettre en place un mode d'interaction où le malade n'est pas réduit à une dangereuse passivité, mieux cela sera pour tout le monde (l'essentiel étant bien sûr de rester souple dans ses positions, compte tenu des évolutions de la maladie). Il est important de se dire que l'amour que l'on porte à quelqu'un ne se mesure pas à la quantité de choses qu'on accomplit pour lui, ou pour elle. Parfois, ne rien faire et laisser l'autre agir (même si c'est difficile) est une preuve d'amour et de confiance.

Même si la maladie évolue jusqu'à des stades avancés, on parvient toujours à trouver les moyens d'accorder une latitude d'action à la personne malade : on lui laisse, par exemple, le choix du rythme des repas ou de l'horaire des soins, de la toilette ou des visites. Il faut sans cesse lui demander son avis, même pour des décisions apparemment mineures ou dérisoires à nos yeux, et cela, avec d'autant plus d'attention que son autonomie se restreint. C'est cela, aussi, respecter la dignité de la personne qu'on aime.

## Le piège de la fusion

La fusion, c'est quand on oublie de faire la différence entre Soi et l'Autre. On perd de vue les frontières qui délimitent ce qu'on est soi-même, et ce que le malade est, lui. « Toi, c'est moi ; moi, c'est toi ! Tu penses ce que je pense et vice versa. C'est l'union totale, la symbiose. De là, je ressens ce que tu ressens, je vis ce que tu vis : tu souffres ? Je souffre aussi. Tu as peur ? J'ai peur aussi. Je me perds dans toi ; je perds mes limites, ainsi que mon contour psychique et mon identité. Nous ne faisons plus qu'un. »

C'est une étonnante et troublante expérience que de se sentir aussi proche de l'autre, autant aimé, pénétré, enveloppé et compris par l'autre ; mais c'est aussi terrifiant, car on ne sait plus, finalement, où l'on commence et où l'on finit. « Si moi, c'est toi, alors je risque de me perdre dans une histoire de vie qui n'est pas la mienne. Et, si tu meurs, je meurs aussi ? »

Pour prendre une image triviale, la *non-fusion*, ce serait deux œufs sur le plat : chaque jaune relié l'un à l'autre par le blanc, mais avec, entre les deux, suffisamment d'espace pour que leur individualité et leur sentiment d'existence propre soient préservés, quels que soient les événements qui pourraient toucher l'un ou l'autre. La *fusion* : c'est l'omelette ! Tout se mélange ; tout se confond et on se perd dans ce que vit l'autre. La fusion mène à la confusion : confusion des émotions, confusion des ressentis, confusion des vies et des histoires.

Le danger de la fusion est que vous perdiez l'indispensable distance entre vous et la personne malade. C'est cette distance qui vous permet de faire ce qui est nécessaire pour elle. Elle représente une véritable sécurité pour le malade, car vous lui garantissez la lucidité et l'objectivité d'un regard extérieur : il est rassuré par votre présence calme, quand lui-même est assailli par le désespoir et l'angoisse. Dans la fusion, lui et vous êtes en proie aux mêmes émotions, dans une situation fermée sur elle-même psychologiquement, sans possibilité d'aide réciproque ni de soutien.

Ainsi, quelque séduisante que puisse être la tentation de la fusion, car on a alors vraiment l'impression de faire corps avec le malade, ce n'est pourtant pas ce dont il a besoin, ni ce qui permet une relation de grande proximité. Car on peut véritablement être dans une intense intimité de cœur, sans pour autant basculer dans la fusion. La difficulté, c'est qu'on a rarement conscience d'être dans un fonctionnement fusionnel avec le malade, principalement parce qu'on l'aime et que l'amour implique, d'emblée, un certain degré de fusion ! On a souvent besoin d'un tiers pour nous aider à identifier ces éventuelles zones de fusion.

Soyez vigilant à ne pas confondre vos besoins avec ceux de votre malade et prenez garde à l'étouffement psychologique qui en découle insidieusement. Si, par exemple, vous vous surprenez à dire : « *On* a passé un scanner, hier à la Salpêtrière » ou « *On* a fait un bilan complet, la semaine dernière », essayez de reformuler votre phrase, en disant : « *Il* a passé un scanner hier, *elle* a fait un bilan complet. » Cette distinction paraît évidemment anodine et sans importance, mais c'est une illustration bénigne du moment où peut commencer la fusion. Car la fusion inconsciente peut mener très loin : certaines demandes d'euthanasie émanent de proches qui s'identifient au malade. Ils demandent la mort du patient (sans même parfois qu'il ait lui-même réclamé quoi que ce soit) parce que eux ne supportent plus la situation. « Je ressens ce que tu ressens », « Je souffre de ce que tu souffres, je demande ta mort pour apaiser ma souffrance ». Voilà jusqu'où peut aller la fusion.

## *Le piège de la toute-puissance*

Se croire tout puissant, c'est s'imaginer qu'il n'y a pas de limite à ce que l'on peut entreprendre et qu'on est capable de tout accomplir seul. C'est aussi oublier que l'on est humain et qu'on est donc assujetti aux incontournables imperfections et limitations de cet état !

Là encore, en surface, les motivations sont claires : on veut faire du mieux possible ! Mais ce souhait se heurte à des obstacles que le désir de toute-puissance conduit parfois à ignorer. En effet, ce désir est une réponse au sentiment d'impuissance que l'on ressent face à la maladie, car on se rend bien compte qu'on est en train de perdre le contrôle de la situation ; on panique et la riposte psychique peut se manifester dans la certitude que l'on détient toutes les réponses. C'est en fait un moyen de se préserver de l'idée angoissante de perdre pied. (Le désir de toute-puissance sous-tend souvent les plans d'action trop rigides que nous avons abordés plus haut.)

Ainsi, quand ce désir est battu en brèche par un événement de la réalité (une aggravation imprévue de l'état de santé par exemple), l'idée de toute-puissance est menacée dans sa fonction protectrice. L'angoisse de perdre le contrôle commence à pointer dans l'esprit. À l'extrême, si la mort menace, notre rêve de toute-puissance est violemment remis en question. Nous faisons tout pour notre malade, mais nous ne pourrons pas l'empêcher de mourir si la maladie prend le dessus.

Notre désir de **contrecarrer la force destructrice du mal** est l'un de nos plus puissants moteurs ; il nous aide à dépasser nos limites, mais il faut être toujours très vigilant sur le fait que l'aide omniprésente qui en résulte risque, finalement, d'écraser le malade. On arrive alors à la situation paradoxale où trop d'aide s'avère néfaste pour le bien-être et le confort de la personne qu'on aime. «Ainsi, en reconnaissant le malade comme *celui qui guide*, affirme le docteur Richard, de la maison médicale Jeanne Garnier, nous laissons se restaurer en lui une certaine puissance, au cœur même de sa fragilité. »

Le désir de **tout gérer tout seul** est un autre aspect du souhait de toute-puissance. En effet, on pense être la seule personne à pouvoir répondre au mieux aux besoins du malade et on en arrive parfois à refuser toute aide extérieure, au nom de cette certitude. Cependant, il y a tout à parier que l'évolution de la maladie aura rapidement raison de cette prise de position car la gestion de la maladie grave est tellement lourde qu'il est indispensable de se faire aider. (Je ne développerai pas ce point essentiel ici, car il sera repris en détail plus loin.)

Enfin, un de nos plus ardents désirs est de **protéger** cette personne qu'on aime de tout ce qui pourrait lui faire du mal. On veut tout faire pour lui éviter la plus petite souffrance, même si, pour cela, on doit lui cacher certaines vérités. Que faire alors quand se pose l'inévitable question de révéler ou non le diagnostic de sa maladie ? On craint qu'une telle nouvelle ne la détruise et qu'elle perde tout moyen. Mais on sait aussi que, si on était soi-même dans une situation semblable, on exigerait sûrement qu'on nous dise la vérité.

## L'EMPRISE PSYCHIQUE DE LA MALADIE

On en a fait l'expérience des centaines de fois : même quand, parfois, tout va bien pour un temps et que la vie reprend un semblant de normalité, la maladie est toujours présente à l'esprit, d'une façon ou d'une autre. Au beau milieu des rares instants de paix, elle surgit soudain, traverse l'esprit au détour d'une pensée, et laisse sur son sillage un écho de sourde douleur.

Cette personne que vous aimez est peut-être là, riante, au bout de la table, sans savoir que vous l'observez. Elle rit de bon cœur avec vos amis de toujours. Ou elle lit tranquillement au soleil. Vous la regardez vivre, et vous ressentez à nouveau ce serrement de cœur qui vous rappelle que rien n'est terminé. Cette parenthèse n'est-elle qu'une illusion ?

Sans vraiment vous en rendre compte, des images insidieuses s'infiltrent parfois dans vos pensées et vous vous laissez soudain dériver dans une rêverie malsaine : vous imaginez son beau visage lisse se creuser ; vous voyez son corps fatigué sur un lit d'hôpital, vous vous voyez vivre ses derniers instants, son dernier souffle.

« Stop ! Arrête ! Mais qu'est-ce qui te prend ? », s'alarme votre voix intérieure. En une fraction de seconde, vous sortez brusquement du vagabondage morbide de vos pensées et vous vous demandez comment vous pouvez vous permettre de telles idées ! Vous réalisez qu'une fois de plus (car ce n'est pas la première fois), vous avez plongé, tête baissée, dans l'horreur de la possibilité de sa fin à venir.

Secoué par la violence de ces images mentales, vous revenez à vous. Tout reprend son cours, et pourtant persiste en vous, en filigrane, le goût amer de ces pensées furtives. Vous regardez cet homme, cette femme ou cet enfant. Il vous sourit. Vous croyez parfois deviner, tout au fond de son regard, qu'il a capté quelque chose de vos pensées. Dans un échange au-delà des mots, vous savez que vous vous comprenez et vous mesurez toujours plus combien la vie a changé.

Les semaines et les mois se sont écoulés, imperceptiblement, au gré d'une maladie que vous avez appris à connaître davantage. Vos existences ont été effectivement profondément modifiées. Vous n'êtes déjà plus tout à fait la même personne. Vous sentez que le vécu quotidien avec le malade vous a déjà douloureusement atteint, plus parfois que vous ne voulez bien vous l'avouer. Vous vous sentez fatigué ; vous vous sentez seul aussi, et il y a tant de choses dont vous vous êtes coupé et auxquelles vous n'avez plus pensé depuis si longtemps. Elles rendaient la vie si douce autrefois. Il y a des jours où vous vous êtes demandé si vous pourriez jamais revenir à cette paix du cœur et de l'esprit.

## Un fragile équilibre

Il arrive un temps où malade et proches se retrouvent à la croisée des chemins. Rien d'objectif ne vient pourtant marquer cette nouvelle étape. Il est difficile de l'identifier clairement, tant les changements sont subtils. Mais quelque chose n'est-il pas en train de se modifier dans votre relation avec le malade et dans votre façon de vivre avec lui ? Car vous ne disposez d'aucune certitude. Tout devient précaire et peut basculer d'un côté ou de l'autre, au gré d'une complication physique ou d'un nouveau traitement. L'enjeu est aujourd'hui de trouver le fragile équilibre entre espoir et désespoir. L'espoir, on le place où on peut, dans une possible guérison, ou dans un plus grand confort pour le malade. On le place aussi dans la possibilité de préserver et d'approfondir la relation qui nous lie à lui, quelle que soit la suite des événements. Le désespoir s'incarne dans la peur : peur de sa mort et d'un avenir sans lui, peur de sa souffrance devant laquelle on ne pourrait rien faire, peur de ne pas tenir le coup.

On sent aussi combien le lien qui nous relie à lui est ténu et à la merci de circonstances imprévues.

> « Qu'on le veuille ou non, dit cette femme après le décès de son mari, la relation change. Les mêmes mots qu'on utilisait dans le passé prennent un sens différent. On perd de sa spontanéité. On fait plus attention à ce qu'on dit, même sans s'en rendre compte. »

Le malade subit l'assaut de symptômes (douleurs, nausées, perte d'appétit, insomnie) qui limitent et ternissent son univers. Ce n'est pas toujours compris dans l'entourage qui continue à fonctionner sur son mode habituel, alors que le malade doit modifier ses repères. Ce décalage, imperceptible au début, devient de plus en plus flagrant au fil du temps.

> « Parfois, ça va bien, parfois, c'est la catastrophe, confie cette jeune femme. La première image qui me vient à l'esprit, c'est celle d'une lumière dont l'intensité diminue progressivement, alors que tout s'obscurcit. Depuis la maladie, le monde se rétrécit de plus en plus. Mon ami et moi, nous nous sommes recroquevillés sur la maison, puis sur deux pièces, puis sur la chambre et finalement sur le canapé. À table, les conversations s'arrêtent après quelques minutes, car il lui arrive de s'endormir au cours du repas. Quand il dort dans la journée, je me sens obligée de faire le moins de bruit possible. J'ai l'impression maintenant de passer ma vie à chuchoter. Le soir, il y a comme un rituel : je tire les rideaux, j'éteins les lampes et le silence s'installe sur la maison. Je réalise que je diminue avec lui, et ça, ça me fait très peur ! »

Oui, tout change, tout se transforme, doucement ou de façon brutale, par à-coups successifs. Chacun, de part et d'autre de la maladie, fait l'expérience de la perte et du renoncement. Dans un éclair de lucidité, vous regardez l'écart se creuser entre ce qui est aujourd'hui et ce qui était autrefois, dans un passé encore si proche, et vous entrevoyez ce qui aurait pu être et ce qui ne sera peut-être jamais.

## *Votre travail de deuil*

La famille, les proches, les amis sont confrontés à de multiples pertes (une profession, des projets, une vie affective épanouie). De nombreux deuils sont déjà nécessaires. Chacun se retrouve dans l'obligation de lâcher prise et de renoncer à ce qui n'est plus, tout en préservant ce qui est toujours présent. Vous tentez alors de rendre compatibles le besoin de vous battre, en maintenant une attitude d'esprit positive, et la nécessité d'un travail de deuil, de renoncement et d'acceptation après **chaque perte**.

Ce processus de deuil demande évidemment du temps. De plus, la succession des pertes n'est pas linéaire : il ne s'agit pas d'une seule perte isolée que vous assimilez et qui est ensuite suivie d'une autre que vous intégrez à son tour. Non ! Vous devez faire face à un cumul de pertes qui se surajoutent les unes aux autres, sans qu'une « digestion » complète puisse s'effectuer. C'est un peu comme un chant en canon où une voix s'ajoute à une autre, puis à une autre. On ne parvient pas, dès lors, à trouver un équilibre : à peine arrive-t-on à un état stabilisé qu'une nouvelle perte survient qui bouleverse tout, en s'additionnant aux difficultés préexistantes.

C'est cette sollicitation constante de vos capacités intérieures d'adaptation aux situations stressantes qui finalement vous épuise.

## Le deuil anticipé

Il y a dans la relation des modifications qu'on ne contrôle pas, car elles sont inconscientes. Ainsi, il arrive qu'après des mois de maladie, vous vous rendiez compte qu'il y a des actes que vous n'accomplissez plus pour cette personne malade, ou des attentions que vous n'avez plus à son égard. Vous remarquez avec stupeur d'imperceptibles changements qui traduisent, mis bout à bout, un glissement de votre attitude vis-à-vis d'elle. Ils mettent en évidence une sorte de détachement émotionnel par rapport à elle et ce constat est à la fois embarrassant et culpabilisant ! Il s'agit là en fait d'un processus qu'on appelle le deuil anticipé. Il n'apparaît pas toujours au cours de l'accompagnement, mais son impact est tel qu'il mérite qu'on s'y attarde un peu.

Le deuil anticipé qui s'inscrit, en fait, dans la lignée de vos deuils successifs, signe un retrait inconscient par rapport au malade. Quand vous en prenez conscience, il est certain que vous sentez une certaine ambivalence ou une gêne, au regard de cette mise à distance involontaire de l'autre. À un certain niveau, le cœur n'y est plus, même si vous continuez à prodiguer la même qualité de soins. C'est comme si une logique irréversible avait eu raison de vous, en vous faisant envisager la mort de cette personne comme prévisible, voire inévitable.

Intérieurement, vous avez déjà commencé à lâcher prise. Votre culpabilité est compréhensible : vous n'avez pas envie de vous dire qu'une partie de vous accepte que le malade meure. Mais il n'en demeure pas moins que **ce processus psychique de deuil anticipé est normal et nécessaire** et qu'il ne contredit pas votre volonté de vous battre contre la maladie. Il vient, d'une certaine façon, contrebalancer votre hyper-investissement, en temps et en énergie, auprès du malade.

Les urgences et les contraintes du quotidien vous obligent à une attention soutenue. Cela vous rend parfois aveugle au fait que cette personne dont vous vous occupez **peut** mourir. Or, votre inconscient, lui, capte cette possibilité et il met en place des mécanismes de protection, comme le deuil anticipé, qui visent à vous protéger intérieurement si le décès survient.

Ces défenses psychiques s'installent, **même si, au bout du compte, la personne ne décède pas**. Sa mort n'est qu'une probabilité, mais votre inconscient tient compte de cette réalité potentielle, en vous préparant à cette éventualité par anticipation. C'est donc une sorte de préparation à un deuil **probable**. Ce n'est pas un processus conscient : il échappe à votre volonté. Cela ne signifie pas que vous souhaitez la mort de cette personne ; il n'y a ni trahison, ni abandon ! Il s'agit uniquement de l'amorce d'un processus qui va éventuellement suivre son cours, en fonction de la suite des événements.

La notion de deuil anticipé est importante à connaître, car on en observe des séquelles si la guérison survient. Pendant un temps en effet, il sera difficile de faire faire marche arrière à cette dynamique psychique qui a déjà pris de la vitesse. En d'autres termes, si la personne malade guérit, elle doit réinvestir ce dont elle s'était détachée, et ce n'est pas aussi facile que ça.

En ce qui concerne le deuil anticipé, l'essentiel est d'être vigilant par rapport à vous-même, afin de ne pas vous laisser surprendre à renoncer à l'autre, trop vite ou trop tôt, tout en ayant conscience de vos mouvements intérieurs. C'est important à savoir, car les inconscients communiquent ; ainsi, la personne malade peut percevoir le désintéressement progressif que vous manifestez à son égard.

## *La sexualité*

Il est une perte dont on parle peu et qu'on préfère passer sous silence. Quand un des partenaires, au sein d'un couple, tombe gravement malade, qu'advient-il de l'intimité ? Que devient la sexualité, qui est incontestablement un moteur essentiel de la relation et pas seulement pour les couples les plus jeunes ? La perte d'une vie sexuelle satisfaisante a immanquablement des conséquences sur la relation (même si certains affirment que cela n'a pas d'importance dans un tel contexte).

De multiples facteurs concourent à altérer la vie sexuelle ; le corps est atteint dans son intégrité. Les cathéters, les poches de colostomie, ou encore les séquelles de la chirurgie, comme l'ablation d'un sein, sont autant d'agressions de l'image corporelle du malade. Il se sent touché dans sa confiance et l'estime de lui-même. Il peut avoir honte de son corps mutilé et ne plus vouloir le montrer.

Ce corps est peut-être également douloureux et on craint de lui faire mal pendant l'acte sexuel (quand, par exemple, les rayons pour traiter un cancer de l'utérus créent une inflammation du vagin). La personne malade a conscience de ne plus être désirable comme autrefois, ou son désir est émoussé, voire totalement absent, car elle est trop fatiguée, trop nauséeuse ou trop angoissée. Et même si le désir reste présent, il est possible que les effets secondaires des traitements médicaux ou chirurgicaux y fassent obstacle : les médicaments contre le cancer de la prostate, par exemple, engendrent l'impuissance, la chirurgie de ce même cancer peut rendre incontinent, avec des fuites d'urine lors de la masturbation.

Pour le conjoint non malade, le refus du rapport sexuel peut aller jusqu'au dégoût d'un corps qu'il ne reconnaît plus. De plus, de façon réelle (pour le sida) ou de façon fantasmatique (pour les autres pathologies, comme le cancer), la peur de contracter la maladie peut être un frein puissant à l'émergence du désir.

La sexualité est aussi le lieu où vont s'exprimer les tensions inconscientes. S'il existe dans la relation du couple des zones de conflit, des rancœurs cachées ou de l'agressivité rentrée, il est possible que cela se manifeste à l'occasion du rapport sexuel. Reproches non dits et amertumes peuvent conduire à refuser de se donner sexuellement à l'autre, avec le désir inconscient de le punir de tout ce qu'il nous fait subir.

La spontanéité du désir sexuel se trouve parfois minée, car celui qui va bien se sent « bestial » à l'idée d'avoir besoin de sexe, alors que l'autre est malade et dépourvu de tout désir. À l'inverse, la culpabilité peut également naître du fait qu'on ne désire plus la personne malade, alors qu'elle-même demande encore l'accès à ce plaisir. « Elle a déjà tant perdu, se dit-on, et même cela, je le lui refuse », et on se sent coupable.

Enfin, on ne peut pas ignorer le gigantesque tabou qui pèse à l'hôpital sur les relations sexuelles entre proche et patient. On craint de se voir opposer un cinglant « Ce n'est pas le lieu pour ça, attendez votre sortie », si on exprime ce désir. Quoi qu'il en soit, on redoute de toutes façons d'être considéré comme un obsédé ou un « vicelard » (même si les équipes soignantes font parfois tout leur possible pour permettre un peu d'intimité).

Par ailleurs, il est important d'éviter la confusion entre intimité et sexualité. Quand on se plaint et que l'on souffre de la disparition de la sexualité, n'est-ce pas aussi la nostalgie de cette proximité de cœur, émanant du contact physique, qui se fait sentir ? Car, au fil du temps, il arrive qu'on « oublie de se toucher », tellement on est pris dans le tourbillon des tâches quotidiennes. On ne pense plus à se prendre dans les bras, ni à se caresser, ni à s'embrasser. Il faut pourtant se rappeler combien cela est nécessaire, quand tous les éléments extérieurs s'acharnent à séparer les corps.

## L'épuisement affectif

Quand la maladie progresse, vous aurez sûrement remarqué combien le malade a tendance à se replier sur vous et vous vous retrouvez à devoir supporter tout le poids de sa présence et de sa souffrance. Vous les recevez avec de plus en plus de lassitude, dans une solitude qui vous étonne souvent vous-même. Car vous vous rendez compte que vous ne pouvez plus communiquer facilement avec votre entourage. Votre expérience quotidienne est devenue tellement différente de ce que vivent les autres gens que vous vous sentez très seul devant la pauvreté de vos échanges avec autrui.

> « Quand mon compagnon est tombé malade, la question d'être ou non à ses côtés ne m'a pas effleuré l'esprit, explique cette femme. Je l'aimais et c'était une raison suffisante pour rester auprès de lui. Ce qui m'a un peu surprise, en revanche, c'est l'attitude de mon entourage : pour eux, le fait que je sois là et que j'assume totalement la situation allait de soi ! On considérait comme normale ma présence auprès de Christian durant les quatre années de sa maladie et **personne** n'a jamais pensé que cela n'était pas nécessairement une évidence ! Mes efforts ne suscitaient aucune question ! Dès le début, on a jugé que c'était dans la logique des choses et je n'avais rien à dire ! Dans un sens c'était important pour moi de faire tout cela pour Christian mais j'aurais eu besoin d'un petit peu plus de reconnaissance de la part d'autrui. »

> Cette autre épouse raconte à son tour : « C'est simple : je suis devenue transparente aux yeux de mon entourage. J'ai fini par me fondre dans le décor, tellement on ne faisait plus attention à moi. C'était normal que Maman soit efficace et disponible pour tous, vingt-quatre heures sur vingt-quatre. »

Il se passe beaucoup de choses en votre for intérieur. Vous êtes fatigué, irritable ou déprimé, et il est vrai que le ressentiment n'est pas si loin. Vous avez été amené à modifier parfois radicalement votre mode de vie pour vous occuper de cette personne malade. Vous passez du temps à effectuer des tâches contraignantes. Vous vous énervez en silence et vous devenez parfois agressif, avec cette pénible impression que vous vous êtes fait prendre au piège. Avez-vous déjà rêvé de partir ? De tout quitter et de laisser derrière vous cette vallée de larmes ? Mais vous êtes resté, bon gré mal gré. Par amour ? Par obligation ? Par intérêt ? Par culpabilité ? Ou pour mille autres raisons ?

Même si l'amour est présent – fort, dense, intense – parfois, néanmoins vous n'en pouvez plus ! Cela ne nie en aucune façon l'amour que vous portez à cette personne. Cela veut tout simplement dire que vous avez des limites humaines, et que vous êtes à deux doigts de les atteindre ! Il est véritablement difficile de maintenir élevé le moral de quelqu'un qui vous répète tout le temps : « À quoi bon tout cela ? À quoi bon se battre, cela ne sert à rien. » Vous arrivez parfois à un point où vous êtes vous-même tellement déprimé que vous vous demandez si, tout compte fait, il n'a pas raison. « C'est vrai, à quoi bon ? »

Le plus dur à supporter sur la durée, c'est que vous ne voyez pas la fin de cette lancinante souffrance psychologique qui s'égrène au fil des jours.

« Ma femme est malade depuis quatre ans et elle va bientôt mourir. Cet été, on avait prévu d'aller voir ma famille à Los Angeles, en Californie ; mais Nathalie a dû être hospitalisée deux mois avant le départ. Son état était préoccupant, mais suffisamment stable pour qu'on décide que je parte tout de même, seul. Cela faisait deux ans que je n'avais pas vu mes parents, et j'avais aussi besoin de prendre de la distance car la maladie avait complètement bouleversé nos vies.

« Une semaine à peine après mon arrivée, un appel de Paris me demanda de revenir de toute urgence : Nathalie était très mal, elle allait sûrement mourir. Je suis revenu en catastrophe pour la retrouver presque en pleine forme. Fausse alerte, encore une fois. J'étais amer. Je ne savais plus si je devais être soulagé ou déçu. C'était le statu quo une fois de plus, rien n'avait changé. Dans l'avion du retour, je m'étais préparé à sa mort : "Ça y est, je me disais, c'est la fin maintenant", quelque chose allait changer. J'allais enfin sortir de cette situation intolérable.

« Ne vous trompez pas : j'aime ma femme plus que tout au monde ; mon amour pour elle est intact, malgré la maladie. Je sais que son décès va créer un gouffre dans mon existence, mais, en dépit de cela, j'attends sa mort. Je ne savais pas qu'on pouvait ressentir cela. Ça n'a rien à voir avec un désir d'euthanasie, non, je suis contre et Nathalie aussi.

« Ce que je veux dire, c'est qu'on peut attendre et même souhaiter la mort de quelqu'un qu'on aime. Il y a sûrement des gens qui se trouvent monstrueux de penser cela ; moi aussi, au début. Mais, non, j'apprends à trouver cela normal. Ça ne contredit pas l'amour. »

## COMPRENDRE LES MÉCANISMES DE PROTECTION DU MALADE

Vous êtes là tous les deux, assis dans la salle d'attente du médecin. Le médecin a un peu de retard. Alors que vous posez votre magazine, vous regardez lire votre mère, votre ami, votre compagne, et vous vous demandez ce qui se passe en lui. Comment fait-il pour vivre dans un constant état de guerre ? Comment tient-il ? Quelles pensées agitent son esprit ? On le sait bien : l'ennemi, c'est la peur. L'ennemi, c'est aussi la vérité, une vérité trop violente, trop insupportable pour qu'on puisse s'y confronter directement. Alors que peut-on faire si ce n'est essayer de se protéger de l'une et de l'autre ?

De toutes façons, une chose est claire aujourd'hui : cette personne que vous aimez n'a pas le choix. Soit elle perd pied et se laisse engloutir par l'angoisse de la situation (mais ce n'est pas viable psychologiquement), soit elle essaie de mobiliser tout ce qui est à sa disposition, consciemment et (surtout) inconsciemment, pour se battre. Elle doit se protéger contre les assauts de la maladie. C'est plus que nécessaire : c'est vital ; c'est réellement une question de vie ou de mort.

À chaque nouvelle étape de la maladie, il y a situation de crise et elle doit y répondre, par un comportement ou une attitude qui peut vous décontenancer. Ils sont parfois tellement en rupture avec sa manière d'être habituelle ! Vous n'en comprendrez pas toujours ni le sens, ni la fonction. La personne malade va essayer de se protéger du mieux qu'elle peut en mettant en place ce qu'on appelle des mécanismes de protection psychique. Mais ceux-ci ne répondent pas toujours à la situation de façon appropriée, d'où des comportements qui paraissent parfois incongrus ou hors de propos.

On ne sait pas comment réagir face à des attitudes que l'on ne comprend pas ; mais, quel que soit le cas de figure, il ne faut jamais oublier ceci : **opposer une résistance, ou de l'intolérance vis-à-vis de ces mécanismes de protection contre l'angoisse, sans chercher à les comprendre, est le meilleur moyen de rompre le dialogue entre soi et le malade.** Soit le malade cède à vos objections ou à vos critiques vis-à-vis de tel ou tel comportement (et il devrait en conséquence renoncer à se protéger), soit il renonce à vous, afin de continuer à se préserver ! Or vous savez bien qu'on choisit toujours de sauver d'abord sa peau, quel que soit le prix à payer.

Ces mécanismes sont d'autre part très variables d'une personne à l'autre et en fonction du cours de la maladie.

Enfin, il est rare qu'on ait le recul intellectuel nécessaire pour vraiment les distinguer, car on est à fleur de peau et tout se joue au niveau émotionnel. Trop souvent, par exemple, on aura tendance à réagir au quart de tour à un comportement jugé (par nous) comme agressif (ou aberrant, ou infantile) sans pouvoir décoder le réel message sous-jacent.

Une difficulté supplémentaire est que, très souvent, la personne malade n'a même pas conscience du fait qu'elle essaie **de dire quelque chose par le biais de son comportement** : la plupart du temps, elle exprime une peur cachée, mais il peut s'agir également de colère ou de culpabilité ; en fait, les messages inconscients couvrent l'ensemble des émotions : toute la difficulté consiste à les interpréter correctement !

## Le déni

La première défense, la plus radicale, est le déni. Le malade met à distance l'angoisse, en évacuant la réalité du diagnostic : le laboratoire a fait une erreur, le radiologue a mal interprété la radio, le médecin s'est trompé. Pire encore, le malade agit comme s'il n'avait pas entendu le diagnostic ; il n'existe pas et donc l'angoisse qui y est attachée non plus. Il s'agit là d'un mécanisme **inconscient.** Cette personne n'est pas devenue subitement stupide du fait qu'elle refuse la maladie.

De fait, le déni est déroutant pour vous : que dire devant quelqu'un d'habituellement sensé qui, aujourd'hui, nie une évidence qui crève les yeux, qui se comporte comme si de rien n'était ! C'est très troublant, irritant ou franchement exaspérant ! On a envie de le secouer pour lui faire entendre raison et de le contraindre à voir la réalité en face. C'est pourtant la dernière chose à faire ! Car, même si la situation paraît folle, on ne peut pas (et on ne doit pas) balayer le déni d'un simple revers de la main. S'obstiner à confronter le malade à des preuves tangibles et se braquer, sans essayer de comprendre ce que cette attitude révèle véritablement, c'est tenter de lui arracher de force ce dont il a besoin pour se protéger. Le déni va le plus souvent s'émousser de lui-même devant l'évidence de plus en plus incontournable de la maladie.

Pour autant, il n'est pas souhaitable de renforcer le déni en allant dans son sens : mieux vaut ne rien dire et rester neutre si le malade vous demande d'abonder dans sa vision des choses.

Devant un déni qui persiste, vous pouvez essayer de discuter avec la personne malade, pour voir où elle en est, et explorer ce qu'elle a compris des faits médicaux. Elle ne pourra se situer que là où cela lui sera **tolérable** psychiquement. Le déni a une **fonction protectrice**.

> « Je le savais bien, ce n'est qu'une angine. Des antibiotiques et dans dix jours, tout sera fini, dit le malade en parlant d'un cancer des amygdales qu'on vient de détecter.
>
> – Mais tu en prends déjà depuis un mois et ça ne marche pas.
>
> – Ce n'étaient pas les bons, on va les changer.
>
> – Mais on les a **déjà** changés trois fois.
>
> – Tu m'embêtes ! Au fait, est-ce que Jacques et Sylvie viennent bien dîner ce soir ? »

Le message est clair : on ne parle de rien qui pourrait éveiller le doute. Il se peut d'ailleurs que d'autres proches (ou même les médecins) confortent le malade dans ses positions. Il devient alors très difficile de parler « juste », car on sait quelque chose que la personne malade ne veut pas (ou ne peut pas) savoir et toute la communication ultérieure avec elle devra tenir compte, à chaque instant, de cette zone d'ombre. C'est épuisant et cela risque surtout d'empêcher un échange authentique.

Mais dans certains cas, le déni peut être pour le malade le seul rempart contre l'angoisse et il est menaçant pour lui de se départir d'une telle sécurité. Autant le laisser tranquille, dans la mesure où le déni ne constitue pas un obstacle majeur au bon déroulement des soins. En effet, si un déni persistant n'entrave pas les traitements et les examens, il n'y a aucune raison d'agresser un patient qui se débrouille très bien grâce à lui.

## La dénégation

À un degré moindre par rapport au déni, on rencontre la dénégation. La personne malade semble dire : « Oui, je sais, mais je préfère ne pas savoir. » Elle va parler de son ulcère, quand il s'agit d'un cancer de l'estomac, ou bien évoquer sa séropositivité alors qu'elle est déjà malade du sida. Le choix des mots révèle la connaissance du diagnostic, mais cela lui permet aussi de minimiser l'angoisse qui en résulte.

Qu'il s'agisse de déni ou de dénégation, cela ne veut pas dire pour autant que cette personne va refuser de se faire traiter. Elle dit, par exemple, être hospitalisée pour une « grosseur » dans le ventre (sans chercher à aller plus loin), et accepte de bon gré les chimiothérapies (en évitant de prononcer le mot), les radios et les explorations. Il se peut que, au cours du traitement, le mot « cancer » ne soit jamais évoqué.

Ainsi, même en présence du déni, il reste une marge d'action.

## L'isolation

Une autre façon de ne pas ressentir l'angoisse de la maladie, c'est de la mettre en quarantaine. C'est ce qu'on appelle l'isolation. La personne malade va se couper de l'angoisse, l'isoler du reste de sa pensée dans une enclave psychique, comme sur une île où il peut y avoir une guerre civile ou une épidémie sans que l'on ressente quoi que ce soit sur la côte.

Ainsi, vous vous retrouvez là, devant un malade qui va parler de sa maladie avec un détachement assez stupéfiant. Il la décrit, avec précision parfois, sans implication émotionnelle. Il parle de ses examens et des traitements (et même des atteintes physiques) avec une telle neutralité affective qu'on en reste pantois. La maladie est là, mais, à la limite, cela ne le concerne presque pas! L'humour noir, ou l'autodérision, sont également des formes d'isolation de l'angoisse – ce qui vient souligner que la mise en place de mécanismes de protection n'est pas nécessairement néfaste pour le malade.

Cependant, ne vous laissez pas leurrer par son apparent détachement vis-à-vis de sa maladie. C'est vrai que l'isolation l'en protège, mais comment savoir ce qu'il ressent vraiment s'il ne manifeste jamais la moindre émotion?

On a parfois besoin d'entrer en contact avec ses émotions ; cela peut être nécessaire pour avancer intérieurement. Fiez-vous à votre intuition si, à un moment donné, vous sentez que le malade essaie de jeter un pont entre son île et le reste de sa vie psychique, et donc s'il prend le risque de mettre le doigt sur son angoisse. Vous pouvez l'aider en lui montrant que vous êtes là, pour parler avec lui, en toute sécurité. S'il sent qu'il existe quelqu'un de fiable à qui il peut faire confiance, il acceptera peut-être plus facilement de s'exposer à sa vérité intérieure.

## Le déplacement - la projection

Le troisième mécanisme de protection s'appelle le déplacement. Comme son nom l'indique, il consiste à faire glisser l'angoisse d'une situation insupportable vers quelque chose de plus tolérable psychiquement. Le malade va alors se focaliser sur la deuxième situation, moins anxiogène, ce qui lui permet d'esquiver la première, source véritable de son angoisse. Ainsi, une jeune fille se dit très préoccupée par le fait de rater son année scolaire à cause de son hospitalisation, alors qu'elle est secrètement terrorisée par la leucémie qu'on vient de lui diagnostiquer !

Le déplacement peut se faire sur des personnes, des objets ou des situations qui ont un rapport direct avec la maladie ou, à l'inverse, qui n'en ont absolument aucun.

En outre le déplacement peut offrir une certaine efficacité pour la personne malade lorsqu'il lui permet de mieux faire face à la maladie, tout comme il peut se faire au détriment de son bon fonctionnement psychique. Tous les cas de figure sont possibles. Ainsi, telle femme va canaliser l'angoisse liée à son cancer digestif en déplaçant toute son attention sur les règles rigoureuses d'une nutrition macrobiotique, quand telle autre déplace de façon inappropriée son angoisse dans les rapports conflictuels qu'elle entretient avec son entourage. Tel est le cas dans l'exemple qui suit où interviennent le déplacement et un autre mécanisme de défense qui s'appelle la projection.

> Un homme d'une cinquantaine d'années est hospitalisé pour la première cure de chimiothérapie de son cancer de la prostate. Il est extrêmement inquiet sur l'issue du traitement. Il se sent complètement réduit à l'impuissance, face à cette terrible situation où il a perdu tout contrôle. Il ne peut pas s'échapper, l'angoisse monte. Sa femme entre dans la chambre, elle lui apporte des vêtements et ses affaires de toilette et il l'abreuve e violents reproches : elle est toujours en retard ! Elle n'est pas fiable ! On ne peut jamais compter sur elle ! etc.
>
> Ici, la peur liée au traitement et l'impression de perte de contrôle se transforment en agressivité envers l'épouse : **il déplace** inconsciemment le combat contre la maladie (où il est perdant) vers un conflit avec sa femme (où il a plus de chances d'être gagnant, et donc de sortir de son état d'impuissance). En déplaçant le lieu et l'origine du conflit, celui-ci devient alors gérable ; il peut reprendre du pouvoir sur ce qui lui arrive. L'angoisse, transformée en agressivité, va **se projeter** sur l'épouse qui ne va pas comprendre pourquoi tant de violence déferle sur elle !

C'est ce qu'on appelle également **l'agressivité projective** : le malade vous agresse verbalement car il se sent lui-même agressé par la maladie (et il est plus facile de se battre avec vous qu'avec la maladie).

Attention : le patient ne choisit pas consciemment d'être agressif. Avec le recul, il peut lui-même se demander pourquoi il a été aussi brutal. Il est utile, dans ce cas-là, de remonter avec lui la séquence des événements. De proche en proche, on peut retrouver l'angoisse d'origine – la peur du traitement, par exemple – et essayer d'en parler. Si on ne prend pas le temps de ce décryptage des conflits, on ne détecte pas les mécanismes inconscients qui les gouvernent et on ouvre la porte à de regrettables et d'inutiles malentendus.

## La maîtrise

Dans l'exemple précédent, on a vu que cet homme était paniqué parce qu'il se sentait impuissant face à la maladie. Ainsi, la maîtrise est un moyen de contrecarrer l'angoisse d'être dépossédé de tout. C'est une stratégie de reprise de contrôle de la situation : le malade tente de se réapproprier la liberté et le sentiment de maîtrise de son existence que la maladie lui a dérobés.

> Un de mes patients, séropositif, a recours à ce mécanisme de protection depuis cinq ans : il entre tous les résultats de ses examens dans son ordinateur et obtient des tableaux et des courbes sur l'évolution de son virus. « Ça me rassure, affirme-t-il, cela me donne l'impression d'avoir une meilleure maîtrise sur le virus. Les tableaux me permettent de l'objectiver. Ça le rend visible et beaucoup plus concret. C'est plus facile pour moi de le combattre sous cette forme. »

La maîtrise est un outil efficace pour dompter l'angoisse. Encore faut-il ne pas aller trop loin ! Parfois, en effet, il y a des patients qui souhaitent tellement exercer une maîtrise absolue sur leurs pensées et sur les événements qu'ils finissent par devenir intolérants ou même tyranniques, dans leur désir de contrôle. Si vous essayez de vous opposer à eux, ou du moins de tempérer certains excès, ils peuvent réagir avec violence, car votre geste est aussitôt interprété comme une tentative pour les affaiblir ou les rendre plus vulnérables.

De plus, il faut souligner qu'un désir de maîtrise qui va trop loin confine au déni : le malade entretient un idéal de maîtrise totale où il nie ce qui est ; et il entre dans un fantasme de toute-puissance où il nie la réalité et les incontournables limitations que la maladie lui impose. Ainsi, il y a des stratégies de maîtrise qui fonctionnent et d'autres pas.

On peut aussi essayer de contrôler la maladie « avec la tête ». Je connais des patients séropositifs qui ont acquis une connaissance médicale très pointue sur le sida. Cela leur a permis de vider la maladie de son côté mystérieux (et donc angoissant). Le gros avantage de cette démarche est que, là, le malade ne nie pas ses émotions ni son ressenti ; il garde le contact avec la réalité, ce qui lui permet de continuer à mûrir psychologiquement par rapport à l'impact de la maladie sur son existence.

Il existe, en revanche, des malades qui vont entrer dans une tentative de maîtrise angoissée. Ils deviennent hyperméticuleux, presque maniaques, sur les moindres détails de leur santé. Cela conduit certains à un état d'hypervigilance où ils s'astreignent à suivre les moindres prescriptions (médicales ou non) absolument à la lettre. Il en va ainsi de l'alimentation qui est sous contrôle strict, du sommeil, de la prise des médicaments, etc., comme du plus petit symptôme physique minutieusement détaillé au médecin. L'angoisse est là, à peine voilée, c'est comme si cette vigilance sans faille allait permettre le contrôle de la maladie (avec l'espoir – pourquoi pas ? – de l'éradiquer). Cette attention de chaque instant, doublée de comportements rigides ou envahissants, est rapidement contraignante et épuisante pour le malade et pour son entourage. Cette maîtrise obsessionnelle crée un climat de tension intérieure qui empêche souvent le malade de voir autre chose que sa maladie. Il risque de se couper d'autrui, en rejetant toute personne qui n'adhère pas à ses exigences ou à ses convictions. Il se prive alors de toute l'aide et de tout l'amour qui se trouve tout près de lui, juste à portée de main.

## La régression

Diamétralement opposé à la maîtrise, se trouve le renoncement à toute maîtrise ! Le malade lâche tout, abandonne le combat et demande à autrui de se battre pour lui. L'impact de la maladie a été tellement violent qu'il a l'impression d'avoir été dépouillé de sa capacité à prendre soin de lui, et il s'en remet à autrui pour assumer ce rôle. Il revient à l'état de petit enfant qui attend secours et protection du parent tout-puissant. Il est en demande massive de prise en charge et de maternage. C'est ce qu'on nomme la régression. L'angoisse semble telle pour le malade qu'il lui paraît impossible d'y faire face seul. Il délègue tout à son entourage. Il ne sait plus rien faire pour lui.

Cette attitude, qui traduit une grande détresse intérieure, n'est cependant pas bien tolérée par l'entourage ni par les soignants. On en a rapidement assez des enfantillages de cet homme, habituellement autonome et indépendant, qui devient passif et geignard comme un petit garçon perdu ! Cette femme, autrefois très dynamique, exaspère de plus en plus sa propre fille par ses comportements de petite fille et sa colossale demande affective. La personne malade souhaite tellement être déresponsabilisée que cela en devient peu à peu très irritant. En réaction, on peut développer un certain rejet et de l'agressivité à son endroit. On la secoue, on la brusque, elle se sent de plus en plus démunie et régresse encore plus. C'est un cercle vicieux.

Il n'y a pas de réponse standard à la régression. La difficulté est de ne pas condamner ni juger les attitudes régressives. Pour tenter d'en sortir, l'idée principale est de garantir au malade un maximum de sécurité, tout en l'invitant à reprendre les rênes de son existence.

Tels sont les principaux mécanismes de défense. Nous en rencontrerons d'autres au fil des pages. Mais cela donne déjà une idée de la complexité de certaines situations.

## Comprendre le malade et se comprendre soi-même

L'important est de comprendre que la seule raison d'être de ces stratégies de protection est de combattre la peur. Mais ce qui rend difficile la compréhension de ces mouvements intérieurs, c'est que celui ou celle qui tente de les identifier (vous, en l'occurrence) est également confronté à la peur ! Les peurs des proches sont évidemment d'une autre nature et renvoient à d'autres préoccupations que celles du malade ; mais la peur, quelle que soit son origine, est néanmoins présente.

Vous aussi avez reçu le coup de massue du diagnostic, vous aussi devez désormais revoir le cours de votre existence. Tout cela se fait par le biais de mécanismes de protection que vous mettez également inconsciemment en place.

Par ailleurs, la gamme des émotions du patient et de ses proches est, grosso modo, très proche, voire similaire. Vous aussi avez recours au déni, à l'isolation, à la maîtrise ou à toute autre stratégie pour juguler l'angoisse.

La différence majeure est que **les uns et les autres ne ressentent pas les mêmes choses en même temps :** patient et proches ne sont pas synchrones dans le vécu des émotions, d'où, parfois, une certaine difficulté à se comprendre.

## UN AUTRE REGARD

De temps de crise en temps de paix, de nuits interminables où on ne trouve pas le sommeil en journées épuisantes à répondre à d'innombrables sollicitations, on avance à tâtons. Au détour d'un mot, d'une phrase ou d'un événement anodin, on prend parfois conscience de l'étonnant décalage qui, lentement, s'est instauré entre soi et la vie extérieure. On mesure combien on se trouve déphasé et quel écart sépare nos préoccupations d'aujourd'hui et ce que vivent tous les gens qui nous entourent, proches ou simples inconnus. On ne parle plus le même langage, leur soucis nous paraissent dérisoires ou hors de propos. Irrité parfois par leur maladresse, on se sent frustré, incompris dans une demande d'aide, d'écoute ou de soutien qui ne rencontre pas le juste écho.

À tort ou à raison, on perçoit l'incompréhension, le refus, la fuite, l'évitement ou le silence. Et tour à tour, on ressent la révolte, l'agressivité, l'abattement ou l'abandon. On fait l'amer constat du déni par autrui de notre solitude, déni généré par la peur et l'ignorance de notre société face à la menace de cette mort qu'elle ne sait plus nommer. Les exigences quotidiennes restent semblables, parasitent sans cesse le temps et l'énergie qu'on souhaiterait investir auprès de cette personne malade. Combien de fois se sent-on dépassé, soucieux de ne pas en faire assez ou de ne pas savoir faire face aux exigences du réel ?

On oscille entre la sourde irritation de voir sa vie

aussi profondément bouleversée et le désespoir de ne pas être assez disponible à cette personne à laquelle on veut tant donner. Quand l'urgence rend sa vie plus que précaire, le temps s'arrête. Ne compte plus que celui qui rythme cette nouvelle alerte, avec un autre découpage calqué sur les repas, les traitements, les douleurs. Lentement, si l'on n'y prend pas garde, on risque à nouveau de s'oublier soi-même, sans même en avoir conscience, et, en dépit des résolutions antérieures, on ne pense plus à se protéger.

Rencontrer la souffrance au jour le jour modifie notre perception du monde. **Ce qui allait de soi ne va plus nécessairement de soi.** Ainsi, par exemple, on peut s'étonner de devenir parfois un peu plus attentif à la détresse d'autrui au quotidien, alors que l'habitude ou l'indifférence nous empêchaient de la voir auparavant. On remarque pour la première fois ce clochard au coin de la rue, alors qu'il « zone » dans le quartier depuis des mois. On perçoit, sans qu'un mot ait été échangé, la dépression derrière le visage impassible d'une collaboratrice qui se débat en silence avec un divorce qui se passe mal. On s'arrête sur une femme âgée qui, péniblement, porte ses courses, appuyée sur sa canne, et on pressent soudain sa solitude et son besoin inassouvi d'être aimée.

La souffrance de cette personne qu'on aime nous amène, d'une certaine façon, à nous connecter à la souffrance de ce monde. Cela peut sembler insupportable, et on peut aussi la refuser, car il est vrai qu'il est impossible d'embrasser toutes les douleurs de cette terre. Et de toutes façons, plus rien ne compte plus désormais, si ce n'est la vie de ce malade. Pourtant, un jour, on croise une mère dans un couloir du service où notre propre fille, ou notre conjoint, est hospitalisé. On lui demande comment va son fils, on commence à parler et, sans savoir pourquoi, on se comprend ; on sait qu'elle sait, même si on ne parvient pas toujours à définir ce qui en nous trouve un écho, on va même jusqu'à aller dire bonjour à ce garçon ; on lui apporte des magazines et on en parle à « notre » malade, qui peut lui aussi avoir envie de le connaître.

Dans la souffrance et dans la peur, des liens se tissent, des relations se nouent, des cœurs étrangers jusqu'alors s'ouvrent, comme si la douleur nous faisait soudain parler le même langage. Ce n'est pas le fruit du hasard, mais la juste reconnaissance de ce que vit l'autre, quand on est immergé dans la même souffrance. On fait alors l'expérience d'une connexion qui, en d'autres circonstances, n'aurait jamais eu la chance de s'établir. Il y a là quelque chose à apprendre, un enseignement jusqu'alors inaccessible, car incompréhensible et impalpable.

Imperceptiblement, un lien de compassion se crée entre soi, assis au chevet de cette personne qu'on aime, et ce garçon et ses parents dans la chambre voisine. Entre soi et cette jeune femme qui souffre de ne plus être reconnue par sa mère, atteinte de la maladie d'Alzheimer. Entre soi et ce père, écrasé de douleur, car son enfant vient de mourir. On réalise qu'on peut entrer en contact avec une conscience de la souffrance de l'autre, dans un mouvement qui transcende les limites étroites de nos vies et de nos petites préoccupations.

Cette conscience nous fait toucher du doigt le fait qu'en dépit des apparences, nous sommes reliés les uns aux autres plus qu'on ne l'imagine ; nous sommes reliés au cœur battant de cette humanité par nos joies et nos peines. L'intimité de la souffrance est la même aux quatre coins du globe. Peut-on pour autant aller jusqu'à dire qu'on se sent moins seul et moins isolé du flot de la vie, si on accueille en soi ces opportunités d'ouverture, et cela d'autant plus qu'on est soi-même en souffrance ? Quelle que soit l'évolution de la maladie, dans la mesure où on se laisse aller à cette prise de conscience, on peut transformer notre regard sur toute personne qui souffre de la maladie d'un être aimé car, désormais, on sait. On sait combien cela fait mal et que, plus jamais, on ne pourra s'abandonner au luxe confortable de l'indifférence.

# CHAPITRE 2

# SE PARLER

On croyait qu'on pouvait tout se dire. On pensait que les mots viendraient sans effort, comme autrefois, et on mesure aujourd'hui, à l'ombre de la maladie grave, combien se parler – vraiment se parler – devient difficile. Car que peut-on bien se dire maintenant ? Qu'y a-t-il à ajouter ? Le malheur et la souffrance sont bel et bien là. Alors, en quoi des mots pourraient-ils faire la différence ?

On pense même que parler pourrait être dangereux pour la personne malade en lui faisant penser à sa maladie, alors on préfère se taire, ou faire diversion. Il est vrai qu'elle n'a pas besoin qu'on lui rebatte les oreilles au sujet de sa maladie vingt-quatre heures sur vingt-quatre ; mais de là à croire qu'elle n'y pense pas si on ne lui en parle pas !

> Un patient me confiait, un jour : « J'y pense tout le temps. Pourtant, ma vie est tout à fait normale ; je travaille, je vois mes amis, je pars en vacances, comme tout le monde, mais la séropositivité est toujours présente à mon esprit. Ce n'est pas forcément lourd ou douloureux tous les jours, mais c'est là. »

Cette conscience de chaque instant se retrouve dans n'importe quelle autre maladie grave. Ce n'est pas parce qu'une personne ne parle pas de son problème de santé qu'il faut s'imaginer qu'elle ne désire pas en parler. Très souvent elle a **peur de lasser ou de déranger** à force de rabâcher la même chose. Rapidement, elle va apprendre à se taire pour ne plus être un poids ou une gêne, et ne plus parler que si on l'interroge. Et, malheureusement, ce silence est souvent interprété comme un refus d'aborder le sujet alors que c'est tout le contraire! **Le malade ne demande que ça**, mais il n'ose pas trop solliciter l'attention ni l'écoute de ses proches.

Ainsi, on s'imagine le protéger en gardant le silence et en faisant comme si de rien n'était, tandis que chacun, une fois seul, rumine ses pensées angoissées. Voulant protéger, on ne protège en fait personne, car, insidieusement, le silence laisse s'installer la solitude, l'incompréhension, la peur ou l'anxiété. **C'est bien la peur qui pousse au silence**; la peur de dire tout haut ce que l'on pense tout bas; la peur de mettre des mots sur ce que l'on pressent, comme si cela allait vraiment rendre réel ce qu'on redoute le plus.

> Comme ce père qui ne parvenait pas à dire à ses enfants qu'il avait un cancer : « Mais, vous comprenez, si je leur dis que j'ai un cancer, ça veut dire que j'ai **vraiment** un cancer!!! Je ne pourrai plus me dire après qu'il n'existe pas. »

Reconnaissons qu'il est parfois effrayant de parler. Il est impossible de rester de marbre devant tant de souffrance. Il est difficile aussi de ne pas craindre de se laisser gagner par toute la détresse du malade, surtout si c'est la première fois qu'on est confronté à la maladie grave! Elle fait réellement peur; on redoute de s'y enliser.

L'appréhension, consciente ou inconsciente, de se faire happer par le malheur de l'autre, peut créer en nous une résistance à un réel échange. On essaie de contrecarrer l'angoisse sous-jacente, en réagissant aussitôt face à toute menace d'envahissement psychologique de la part du malade.

## LES MÉCANISMES DE PROTECTION QUI PARASITENT LA COMMUNICATION

Jeanne Pillot, psychologue au CHU de Grenoble, a essayé de comprendre ces mécanismes de protection qui, malheureusement, parasitent la communication. Ce sont eux qui nous empêchent d'établir une relation de qualité avec la personne malade, alors même qu'on le désire sincèrement.

### *Rassurer trop vite*

« Je suis fatigué », se plaint cet homme souffrant d'un cancer du foie dont on lui cache délibérément l'existence. « C'est normal, réplique aussitôt sa femme, il fait si chaud aujourd'hui », ou « C'est normal, tu as changé de traitement ; ça va aller mieux bientôt », ou encore « C'est normal, tu sors d'une anesthésie éprouvante, tu vas te remettre ».

Tout est toujours normal ! Tout a une raison ! Tout a une explication rassurante ! Sauf le fait qu'il est en train de mourir et qu'il est intolérable d'aborder ce sujet avec lui. N'y aurait-il pas autre chose, derrière ce « Je suis fatigué », que cet homme répète sans cesse à tout ceux qui l'approchent ? N'y a-t-il pas un autre message qu'il tente de faire passer, sans oser pourtant l'exprimer clairement, parce qu'il lui fait trop peur ? « Je sais bien que je ne suis pas fatigué parce qu'il fait trop chaud, pense-t-il certainement, mais j'accepte malgré tout ton explication, tout en sachant qu'elle n'est pas valable. Je n'arrive pas à te dire que je suis fatigué d'être fatigué, fatigué de souffrir tout le temps, fatigué de vivre, mais je sais que tu ne peux pas et que tu ne veux pas entendre cela, même si je tente à demi-mot de forcer ton silence. Alors, je te dis "je suis fatigué" avec tant d'autres questions dans le regard et j'attends de toi quelque chose qui ne viendra jamais. »

À vouloir rassurer sans cesse, trop vite, on fait obstacle à l'autre qui nous parle de son angoisse, de ses appréhensions ou de ses doutes. On réduit au silence le véritable vécu intérieur. On a l'impression d'aider le malade, alors qu'en fait, on l'isole encore plus.

> « Je lui cachais tout, raconte cette autre épouse. Je ne voulais pas lui faire sentir que son état était grave. Je le rassurais tout le temps, même si parfois c'était évident qu'il ne croyait pas à mes explications. Je regrette tellement aujourd'hui de ne pas l'avoir laissé parler quand il en avait besoin. Je prenais tout à la légère ; rien n'était grave ; tout s'expliquait facilement. Ça a cassé notre communication. Je crois qu'il a perdu confiance en moi, progressivement, parce qu'il ne pouvait plus se fier à ce que je lui disais. »

Cette attitude se retrouve aussi chez les médecins ou les infirmières, face aux questions un peu abruptes de certains patients. Ainsi, pour réduire l'angoisse que ces questions suscitent en lui et éviter de répondre, le soignant peut céder, consciemment ou non, à la tentation de la réassurance hâtive. Un fossé peut se creuser quand le malade sent intuitivement que la réponse qu'on lui donne voile la vérité. Il en vient à s'inquiéter et à perdre confiance.

## Moraliser trop vite

« Il faut se secouer ! » voilà le mot d'ordre qu'énoncent inlassablement certains proches. Pour eux, tout est simple : il faut se battre, faire preuve de volonté, et surtout ne pas fléchir. Persuadés que c'est dans cette attitude résolument positive et volontaire que réside l'issue de la maladie, ils refusent la moindre ébauche de fléchissement psychologique de la part de la personne malade. Ils en arrivent parfois à un jugement assez dur, lui reprochant de ne pas réagir, de ne pas prendre assez sur elle, ou encore de se comporter comme un enfant.

Ils opposent un « Allez ! Secoue-toi ! », dès que le malade tente de partager sa difficulté de vivre. Au pire, ils l'accusent d'une certaine complaisance à évoquer ses états d'âme, convaincus d'offrir une force motrice qui pousse vers la vie pour ne pas « entrer dans le jeu du malade ». On ne pense qu'à le « regonfler », alors qu'en fait on prend le risque de l'écraser davantage car il se sent coupable de ne pas être à la hauteur de ce qu'on attend (ou exige) de lui.

Sa réalité est différente de la nôtre. Nous sommes en bonne santé, en pleine possession de nos moyens, et manquons d'éléments pour juger de son comportement. Il arrive certes que le malade en « rajoute » un peu pour obtenir des bénéfices secondaires à son état mais, même si on s'en rend compte, n'oublions pas qu'à chaque minute, depuis l'annonce du diagnostic, il est en première ligne sur le front de la maladie. Il est légitime pour lui de tirer parti de toute occasion de se protéger. Cela ne veut pas dire qu'il ne faut pas poser de limites et tout accepter du malade. Mais, dans l'immense majorité des cas, le malade fait de son mieux pour vivre et préserver son autonomie. On ne peut se permettre de le « casser » quand il essaie de réagir aux événements. Même si nos injonctions à réagir nous paraissent justifiées, attention à ne pas saper des efforts de survie qui nous semblent parfois si dérisoires qu'on ne les prend pas en considération. Le risque, pour le malade, est de se sentir incompris, frustré ou découragé.

Parler à un malade de ses difficultés, de ses angoisses ou de sa vulnérabilité ne nie en aucune façon le fait qu'il ait envie de se battre. Cela ne le vide pas de son énergie, au contraire. Très souvent, c'est parce qu'il a trouvé un espace de parole où il peut tout dire en sécurité qu'il peut lutter. On fait mieux face à l'adversité quand on n'est pas sous pression. Parler ouvertement de ce qui est lourd à vivre est un moyen privilégié d'évacuer le trop-plein de tension intérieure.

## Conseiller trop vite - donner des solutions trop vite

« Tu n'as qu'à faire ceci ou cela. Il faut absolument que tu te comportes comme ceci ou comme cela. » Les conseils, les mises en garde, les « Il faut que » et les « Tu n'as qu'à » pleuvent sur le malade. Certains proches se veulent détenteurs de toutes les solutions et abreuvent le patient de conseils, avant même de comprendre complètement la situation. Ils paniquent de ne pas trouver aussitôt la bonne réponse, redoutent de ne pas être perçus comme quelqu'un de fiable, craignent de perdre toute crédibilité aux yeux du malade. Parfois même, persuadés de la pertinence de leurs recommandations, ils s'étonnent (voire se vexent) si le malade n'y adhère pas ! Puisque, finalement, il n'en fait qu'à sa tête, à quoi bon répondre à ses demandes ?

Là encore, un effort de recadrage est nécessaire : nos solutions ne sont pas obligatoirement adaptées à ses besoins. Ce qui marche pour nous ne marchera pas forcément pour lui : même si la démarche est assurément sincère, il est important de prendre conscience du fait qu'on répond hâtivement par peur de ne pas être à la hauteur, plus que par une juste compréhension de ce que vit la personne malade. Une recommandation n'est judicieuse que si elle s'appuie sur une réelle écoute, que si on tente de percevoir le monde à travers les yeux du malade.

Par exemple, insister lourdement pour qu'il termine son dîner « Il faut que tu manges », s'appuie sur notre conviction qu'une bonne alimentation est déterminante pour son état de santé. L'intention est évidemment louable ; ce conseil traduit notre préoccupation et notre souci d'aider. Mais a-t-on toutes les données du problème ? Réalise-t-on que pour lui, dont le palais est tapissé d'aphtes douloureux, la moindre bouchée est un calvaire ? Que certains médicaments provoquent une nausée persistante telle que la simple vue du plateau repas suscite un haut-le-cœur ? Ou bien c'est un encouragement : « Tu devrais aller consulter ce médecin, il est vraiment très bien », oubliant qu'une foule de spécialistes a déjà été consultée. La personne malade, fatiguée d'être passée d'espoirs en désillusions, n'en peut plus de se déplacer pour, à chaque fois, raconter son histoire à une nouvelle personne.

À vouloir aider trop vite, on oublie d'écouter et le malade se sent incompris. À vouloir ouvrir d'autres horizons, on risque de l'enfermer parce qu'on ne tient pas compte de sa réalité.

### Consoler trop vite

La maladie entraîne un cortège de pertes, de deuils et de renoncements. Autant de blessures qui nécessitent un temps de cicatrisation : perte de projets, perte d'une activité professionnelle, perte de la possibilité d'avoir un enfant, perte d'une image intègre de soi, pertes physiques et psychologiques. Ces deuils, en tant que processus d'acceptation de la réalité, se déroulent d'autant mieux que la personne malade peut énoncer ce qu'elle ressent. Elle a besoin de quelqu'un qui écoute sa détresse dans un silence attentif.

Ce processus demande beaucoup de temps. Non, le malade ne se complaît pas dans le malheur ; non, il ne baisse pas les bras (même si c'est l'impression qu'il donne) quand il parle de ses pertes pendant des jours et des jours. Il ne fait que suivre un mouvement intérieur nécessaire à son équilibre psychologique. On ne doit pas entraver ce travail, même s'il est difficile d'entendre un tel désarroi auquel on ne peut rien.

Ainsi, consoler trop vite, dès la première larme ou la première plainte, est une tentative d'interrompre cette démarche intérieure, une vaine tentative d'évacuer la souffrance de l'autre, en croyant que la peine peut disparaître derrière les bonnes paroles! « Allez, c'est fini. Tu vas voir, ça va aller mieux maintenant », « Il ne faut pas que tu penses à ça. Allez! », « Tiens, au lieu de te laisser te morfondre, je t'emmène au cinéma. »

Le malade saisit très clairement qu'on n'est pas disponible (ou qu'on ne souhaite pas l'être) pour entendre véritablement les pensées qui l'habitent. Là encore, il apprend à se taire et se retrouve une fois de plus seul face à ses deuils silencieux.

## *Argumenter - persuader trop vite*

Quand les émotions font perdre pied, le recours à la raison constitue un rempart efficace pour celui qui n'est pas malade, un outil de choix afin de court-circuiter l'angoisse : on évacue l'émotionnel d'une situation au moyen d'un langage raisonnable ou logique qui s'appuie souvent sur des termes médicaux ou scientifiques. En hyper-intellectualisant, on désamorce les émotions, on barre l'accès à l'affectif. Les médecins ont tendance à utiliser cette stratégie afin de maintenir l'angoisse du patient à distance : en expliquant tel traitement sur des bases scientifiques (et donc irréfutables par le patient, qui, de toutes façons, n'y comprend rien), ils font appel à ce qui est raisonnable pour la personne malade.

Ces explications ne sont pas pour autant inutiles, bien au contraire. Le problème, c'est que la communication risque de se résumer à cela, sans que rien d'autre ne puisse passer. Certains proches sont aussi tentés de reprendre à leur compte le discours médical : ils argumentent pour « dépassionner » les événements, assènent à la personne malade toutes sortes de bonnes raisons (pertinentes au demeurant) qui risquent de ne pas permettre l'émergence des émotions que suscite la situation.

> Ainsi, le médecin à peine sorti de la chambre, cette jeune femme se précipite vers sa mère : « Voilà, Maman, comme ça, les choses sont précises : la chimiothérapie va se faire en quatre fois, avec des intervalles de trois semaines et après, on te fera un scanner. J'aime bien ce médecin ; il est clair et précis. Tu vois, tu n'as aucune raison de t'inquiéter. Bon, Maman, je suis désolée, mais il faut que je parte. Je t'appelle demain. » Et Maman, sagement blottie dans son silence, se voit, par le médecin et par sa fille, refuser l'expression de sa peur, de ses appréhensions sur une possible perte de cheveux ou sur un éventuel échec du traitement.

Argumenter trop vite protège les proches qui se rassurent eux-mêmes, mais prive le patient de la possibilité de revendiquer le versant émotionnel de ce qui lui arrive.

## Esquiver trop vite - Banaliser

Il y a des sujets brûlants sur lesquels on n'a pas envie de s'attarder. Esquiver, en l'occurrence, consiste à glisser sur ce qui nous embarrasse en se focalisant sur des aspects anodins ou moins inquiétants.

> Par exemple : une femme hospitalisée depuis un mois s'inquiète du retour prochain à son domicile. Une amie, lors d'une visite à l'hôpital, ne souhaite pas aborder le

sujet. Elle va tenter de faire l'impasse sur l'angoisse qu'elle pressent derrière les paroles de son amie et se lance dans des commentaires sur le service hospitalier, la gentillesse des infirmières, la qualité des soins, etc. Finalement, elle termine sa visite en ayant, grâce à l'esquive et à la banalisation de la situation, soigneusement évité d'aborder la crainte du retour à la maison.

Très souvent, la personne proche du malade a effectivement capté le message d'inquiétude sous-jacent, mais elle fait le choix, conscient ou non, de ne pas le relever. Les obstacles sont soigneusement écartés. Le fait de tout prendre sur le mode de l'humour est également un moyen d'esquiver l'angoisse. On se retrouve alors avec un malade qui sait que les autres ont compris, mais qui réalise en même temps qu'une partie de ce qu'il tente de communiquer est délibérément ignorée par ses interlocuteurs.

## *Questionner trop vite*

Quand on souhaite bloquer une communication qui nous angoisse, un moyen efficace est, tout simplement, d'empêcher qu'un échange véritable s'installe en amenant et en maintenant la personne malade à l'extérieur d'elle-même, par un déferlement incessant de questions qui l'obligent à rester à la surface de ses pensées. Ainsi, on interdit l'accès au niveau où se logent les peurs et les inquiétudes. Le flot ininterrompu de questions/réponses donne l'illusion d'une bonne communication, alors qu'en fait, il ne s'agit que d'une carcasse vide de tout véritable ressenti. Le contact avec les émotions de base est rendu impossible

« As-tu vu le médecin ?… Oh, mais qu'est ce que tu lis ? Tiens, tu vas quand même prendre du gâteau ? Tu as besoin de livres ? Alors comment vas-tu ? Au fait, est-ce

que Jacques est venu te voir? Non? Tiens, tu as Canal
Plus. », etc., etc.

La succession des questions supprime également le
silence, ces silences si redoutés car tellement chargés
d'interrogations auxquelles on n'ose pas se confronter.
**Or, la pensée a besoin de silence pour se construire**.
Communiquer ne renvoie pas uniquement à l'utilisation
de mots. Parfois, quand la personne dont on s'occupe
est fatiguée, elle a plus besoin de sentir une présence
silencieuse et calme auprès d'elle que de maintenir
l'effort d'une conversation. La qualité de l'échange est
identique, voire supérieure. Le silence constitue les
temps de respiration d'une conversation.

Quand la maladie est là, ces temps de silence font
peur. On tente maladroitement de les remplir de mots
vides de sens, simplement pour éviter les blancs. Par
son matraquage de questions, l'interlocuteur prend à
son insu le contrôle de l'échange et ne laisse en fait
aucune place véritable à la personne malade.

Il existe pourtant une alternative à cet envahissement de l'espace. Quand les mots s'épuisent, d'autres
niveaux de communication, comme le regard ou le toucher, peuvent prendre le relais. N'ayez pas peur du
silence. Apprenez à le pratiquer. Apprivoisez-le. Plus
vous serez à l'aise dans le silence, plus vous constate-
rez que la relation avec la personne aimée s'en trouve
enrichie. Les temps de silence sont ces instants où on
apprend à renoncer à tous ces « trop vite » qui fatiguent
les esprits et isolent les cœurs. Ce sont ces instants où
la parole devient inutile, quand la quiétude s'installe et
que, sans mot dire, on parvient à se comprendre, dans
un sourire ébauché ou un frémissement du visage.
Quand la parole devient impuissante et quand la douleur de l'âme dépasse les mots, le langage silencieux
d'une main serrant l'autre devient plus éloquent que
tous les discours.

## VRAIMENT SE PARLER

Il existe des livres qui parlent d'accompagnements exceptionnels où, à l'approche de la mort, des gens « ordinaires » développent soudain une sagesse et une spiritualité qui subliment leur fin de vie. On peut se laisser séduire par la promesse de transcendance qu'offrent ces histoires. Mais que se passe-t-il quand rien de semblable ne se passe ?

Cette dame, la veille de sa mort, zappe pendant des heures d'une chaîne de télévision à une autre, alors qu'on aurait souhaité pour elle que les dernières images de sa vie soient moins médiocres que celles d'un jeu télévisé. Cet homme se montre mesquin et blessant vis-à-vis de son fils, à l'aube de ses dernières heures, alors qu'on espère de lui des paroles de paix et de réconciliation. Des époux s'entre-déchirent autour d'un problème matériel dérisoire et le mari décède le soir même, en ayant, quelques heures avant, ruminé sa colère et son ressentiment. Où est la lumière ? Où est cette sagesse de la fin ? Mais doit-il y avoir sagesse, lumière ou ultime illumination ? Pourquoi vouloir que les choses soient autrement qu'elles sont ? Doit-on parler d'échec ? Certains disent qu'on meurt comme on a vécu, mais il est clair qu'**on meurt comme on meurt et non pas comme on « devrait » mourir, ni comme autrui voudrait qu'on meure** !

Je me souviens d'un médecin qui s'acharnait à « faire parler de sa mort » un homme en phase terminale d'un cancer. À chaque visite il le harcelait, car il avait la conviction que c'est « bien » pour le malade de dire ce qu'il ressent : « Il faut qu'il réfléchisse sur le sens de ce qu'il est en train de vivre, c'est la façon de trouver la paix ! C'est son ultime chance, affirmait-il, il faut qu'il comprenne que ces instants sont très importants pour lui, pour qu'il s'ouvre à lui-même. » Le problème, c'est que ce monsieur n'avait rien à faire de tout cela. Finalement, fatigué de se battre avec le médecin, le patient dut faire appel à la psychologue du service pour l'aider à sortir de ce harcèlement relationnel : « Je vous en supplie, dites à ce médecin de cesser de me parler de ma mort, je sais que je vais bientôt mourir, mais je ne veux pas en parler, c'est mon choix. »

On ne peut pas désirer pour l'autre, on ne peut pas imposer notre désir. On ne fait pas le bonheur d'autrui contre son gré, même si on est persuadé que « c'est bon pour lui ». Oui, quelqu'un peut mourir dans la colère ou dans le déni total ; oui, quelqu'un peut décéder sans avoir entamé une réflexion sur sa vie qui s'achève. Certes, la personne malade peut mourir dans la paix, c'est dans ce sens qu'œuvrent tous les efforts lors de la fin de vie, mais si la violence est là et que rien ne parvient à l'apaiser, elle mourra ainsi, quel que puisse être notre désir qu'il en soit autrement. Il ne nous appartient pas de juger si cela est bien ou mal. C'est hors de notre portée et de notre compréhension ; c'est hors de notre vie. Il faut être deux pour parler. Si le malade ne peut, ou ne veut pas le faire, on doit apprendre à vivre avec ce silence. On aura, au moins, essayé...

C'est ce qui est et il nous est seulement demandé d'avoir le recul nécessaire pour l'accepter tel quel, conscient que, dans certaines circonstances, on n'y peut rien changer. Souvent, à trop vouloir autrement ou différemment, on ne voit finalement plus rien et on n'entend plus rien, alors que, la plupart du temps, on oublie qu'on a déjà tout entre les mains et sous les yeux, même si cela paraît peu. Il n'y a rien de nouveau à apprendre, rien de plus à faire. **Simplement écouter et regarder**, sans s'angoisser sur ce qu'on va dire ou sur ce qu'on va répondre.

Oui, se parler est difficile. Sans s'en rendre compte, on se réfugie derrière mille pirouettes ; on virevolte et on slalome entre les mots et les émotions, sans jamais oser nommer ce qui a besoin de l'être. Mais alors, si « parler » est si ardu, pourquoi se donner tant de mal ? À quoi bon essayer de s'aventurer sur des terrains aussi précaires ? Au nom de quoi doit-on prendre de tels risques ?

La réalité est plus forte que notre désir de la nier. On ne peut pas ignorer que la vie de cette personne dont on s'occupe est très réellement menacée. Il est possible qu'elle meure, même si tout est mis en place pour que cela n'arrive pas. D'où une prise de conscience que le lien qui nous unit aujourd'hui peut demain se rompre. La médecine ne peut rien sur certaines évolutions pathologiques. Il y a partout des limites.

Quel sens prend alors le fait de se parler à cœur ouvert ?

Il existe des circonstances dans la vie qui ne se présentent pas deux fois, des occasions à saisir au vol. Si on ne monte pas dans le train au moment où il passe, on reste sur le quai à jamais. On réalise trop tard qu'on a laissé passer l'essentiel.

« Le plus douloureux aujourd'hui, raconte cette femme qui a perdu son compagnon, c'est que je ne sais pas s'il m'a vraiment aimée. Cela peut paraître étonnant après tant d'années de vie commune, mais il ne m'a jamais dit "je t'aime". Cela semblait peut-être évident pour lui mais, au fond, je ne savais pas. Même quand il était malade, on ne disait rien. Et maintenant qu'il est mort, j'ai ce doute qui me hante. »

« Il ne m'a jamais dit : "Je crois que je vais mourir", ou "J'ai peur pour toi", raconte également cette autre femme de 60 ans. Il se trouve que j'ai appris, après son décès, qu'il écrivait régulièrement à ma fille et qu'il lui parlait de ses angoisses : "J'ai tellement peur pour ta maman, que va-t-elle devenir, si je meurs ?" Pourquoi, ne m'a -t-il rien dit ? Est-ce que je l'ai empêché de parler, par mon attitude toujours combative ? Je ne sais pas.

« Quand j'ai appris cela, j'ai cru qu'il ne m'avait rien dit pour me protéger. Mais, maintenant, neuf mois après sa mort, le poids de ce silence devient de plus en plus éprouvant. Cela ne veut pas dire que nous n'avions pas une belle relation. Nous échangions beaucoup, mais c'est évident qu'il y avait des sujets que, tacitement, on évitait soigneusement. Ça aurait été pourtant tellement important qu'on en parle. J'aurais eu besoin qu'il me donne des repères ou des directives pour "l'après". Parce que aujourd'hui je me trouve complètement démunie. On pense toujours que le premier pas doit venir de la personne malade, mais ce n'est pas vrai. J'aurais tellement dû parler plus tôt. »

Tous ceux qui ont accompagné avant vous un proche gravement malade aboutissent aux mêmes conclusions : « Ayez le courage de vraiment parler avec ceux que vous aimez, car si la mort survient, on se retrouve avec l'intolérable souffrance des occasions perdues. C'est le plus lancinant des regrets. » Vous n'avez pas besoin de paroles lourdes et graves pour parvenir à cette qualité d'échange. Le partage au quotidien peut être léger et non traumatisant, même s'il reste implanté dans la réalité d'une maladie qu'on décide ensemble de ne plus nier.

Il faut aussi du temps pour que la parole se libère, surtout si, auparavant, on n'a jamais eu l'habitude de se confier des choses importantes. Cela ne s'apprend pas en cinq minutes mais demande un effort et le désir sincère d'y arriver. Alors, osez vous ouvrir ! Aidez l'autre à s'essayer à la parole, tout en respectant ses limites, car il ne pourra aller que là où il reste en sécurité. Ne demandez jamais au malade d'aller au-delà de ce qu'il est capable d'exprimer.

## UN CAS PARTICULIER : LA MENACE DE SUICIDE

Il peut arriver qu'à un moment donné, le malade « craque » : il vous annonce froidement qu'il en a assez de vivre et qu'il pense au suicide. Cela peut se passer à n'importe quel moment de la maladie et ce n'est pas nécessairement quand le malade va le plus mal physiquement. Que faire alors ?

### *Ne jamais sous-estimer une menace suicidaire*

En premier lieu, même si on pense que la personne essaie de nous manipuler, ces paroles sont à prendre au sérieux. Tourner en dérision ces idées peut conduire une personne à un geste qu'elle n'avait pas initialement l'intention de faire ! Il faut également abandonner l'idée que quelqu'un qui parle de suicide ne passe jamais à l'acte. C'est totalement faux. Au contraire, c'est souvent un ultime signal que le malade adresse à son entourage, avant de s'enfermer, résigné, dans un silence désespéré, où son projet s'élabore lentement. **La menace suicidaire est un appel impératif à la parole et à l'échange.**

Parce que son désir de se tuer nous angoisse, on est tenté de le faire taire : « Tu racontes n'importe quoi ! Je t'interdis de parler comme cela ! » Mais c'est le meilleur moyen de conforter le malade dans son idée que personne ne peut (et ne veut) comprendre sa détresse !

Prendre le temps de s'asseoir et de faire le point avec lui est primordial. La personne qui évoque le suicide a besoin de parler, de voir qu'un autre être humain est capable de l'entendre dans sa souffrance sans partir en courant. Celui-ci doit tenir bon, en s'ancrant dans la certitude qu'il ne va pas être détruit par la violence de ce qu'on lui raconte. Il est inévitable d'en être très secoué, mais on ne va pas être dévasté intérieurement. **On n'a pas besoin d'avoir des réponses à sa douleur** (car il y a des choses qu'on ne pourra jamais changer), mais celui qui parle de suicide n'a pas nécessairement besoin de réponses : il veut avant tout que quelqu'un entende la peine qui l'étouffe. Dans un deuxième temps, peut-être, des réponses pratiques pour améliorer la situation pourront être utiles, mais initialement, il faut éviter de tomber dans des aides trop rapides comme celles que nous avons décrites plus haut.

## Évaluer l'urgence de la menace suicidaire

D'abord évaluer l'imminence du passage à l'acte. Il est indispensable de rechercher les facteurs de risques suivants – en sachant qu'il n'existe aucun critère absolu de prédictibilité du suicide. Ces indications ne sont que des repères permettant une appréciation grossière du risque suicidaire. Ainsi, on redoute d'autant plus un suicide que la personne :

• présente une dépression avérée ;
• a des antécédents suicidaires ;
• entretient, avec son entourage des relations pauvres ou « distordues » (on parle ici des carences affectives du présent ou du passé, de l'isolement, d'un échec ou d'un deuil récent) ;
• se sent physiquement ou psychologiquement dévalorisée (ce qui est précisément le cas de la maladie grave) ;
• se livre à des « ruminations » sur le thème de la mort et du suicide (même si son désir suicidaire n'est pas explicitement énoncé) ;
• enfin, on peut considérer le suicide comme imminent lorsque apparaissent dans ses propos des détails concernant la technique du suicide (énoncé d'un « scénario » précis, achat de médicaments ou de matériel pour le mettre en œuvre, etc.).

Un événement minime suffit alors à précipiter le passage à l'acte. Ces signaux d'alerte sont à prendre immédiatement en considération. **Une consultation médicale (ou mieux psychiatrique) s'impose.** Mais ces signaux d'alarme peuvent être totalement absents ; le geste suicidaire survient alors sans qu'aucun indice n'ait éveillé les soupçons de l'entourage.

Si la menace suicidaire paraît imminente, il est **toujours** justifié de faire appel à un médecin pour évaluer la situation. Celui-ci a d'ailleurs à sa disposition des moyens légaux pour contraindre à une hospitalisation une personne suicidaire qui refuse des soins.

## Dans quel contexte apparaît ce désir ?

Le désir suicidaire émerge le plus souvent dans un contexte de **dépression.** Or, la dépression est une maladie que l'on peut traiter efficacement dans la mesure où le patient accepte le traitement. Car la dépression a le pouvoir pernicieux de faire croire au malade que tout est perdu et que rien ne peut être entrepris pour l'aider. Pourtant, il est fort probable qu'une fois traité, le patient n'ait plus du tout envie de se tuer. Évidemment les médicaments seuls ne suffisent jamais. Ils doivent impérativement être associés à des entretiens réguliers où la personne exprime ce qui est à l'origine de sa souffrance. Si le geste suicidaire est un « appel au secours », il faut pouvoir l'entendre et lui accorder une réelle écoute.

D'autres circonstances que la dépression peuvent néanmoins conduire le malade à penser au suicide. **Une douleur physique non (ou mal) traitée** pendant des jours ou des semaines peut entraîner le désir de se supprimer, pour arrêter enfin la souffrance. (Nous y reviendrons dans le chapitre sur les soins palliatifs et le contrôle de la douleur.)

Il existe aussi le cas très particulier du désir suicidaire énoncé avec calme, et en dehors – a priori – de tout contexte dépressif. Cela arrive parfois durant la maladie grave pendant une rémission ou dans une phase chronique, non aiguë de la maladie. Le suicide est alors envisagé à plus long terme, sans échéance très précise : « Je me suiciderai quand je ne serai plus autonome, ou quand je commencerai à perdre la tête, ou si je me retrouve en chaise roulante, ou encore, si je deviens un poids trop lourd pour mon entourage, etc. » Chacun énonce une borne, une limite où la vie sera perçue comme tellement insupportable qu'il sera temps de la quitter. Ce désir, il faut le souligner, n'est pas à confondre avec la demande d'euthanasie : le malade ne réclame pas qu'on le tue, il veut lui-même décider de son geste. Rien ne permet de dire si, oui ou non, la personne se suicidera si elle parvient à l'état physique limite qu'elle avait désigné.

> Un patient m'a dit un jour qu'il se suiciderait quand il ne pourrait plus assurer son hygiène personnelle, et il s'est éteint paisiblement à l'hôpital, dans un état de dépendance qu'il semblait vivre avec sérénité. Sa détermination, deux ans auparavant, apparaissait pourtant sans faille.
>
> Un autre patient évoquait son suicide dans un avenir incertain, en raison d'un état d'épuisement chronique lié à une hépatite B, et sa famille le retrouva mort à son domicile, suite à une prise de barbituriques, alors qu'une semaine auparavant, il paraissait calme, évoquant un prochain voyage au Canada.

En dépit de toutes les précautions, la frontière entre le désir suicidaire et le véritable passage à l'acte reste extrêmement floue, à la croisée de multiples influences contradictoires.

## En dehors du contexte d'urgence

Hors de tout contexte d'urgence, comment aborder ce désir suicidaire qui s'énonce ?

Je demande toujours à la personne qui parle d'un

suicide lié à sa maladie quelles sont les limites qu'elle se fixe : quand, pour elle, le suicide sera-t-il la seule solution ? Et à partir de quel moment, de quelle circonstance ou de quel symptôme (une paralysie, une cécité, un trouble mental, etc.), décidera-t-elle de se tuer ?

Ainsi se définit un temps, une durée entre l'instant présent où nous parlons ensemble et le moment où elle jugera opportun de se suicider. Je ne cherche pas à m'opposer à ce désir suicidaire, car cela fermerait aussitôt notre communication. Je reconnais ce désir, sans pour autant le cautionner ni le favoriser.

La question qui se pose après est donc : « Entre **maintenant** et ce **plus tard** où vous envisagez le suicide, que souhaiteriez-vous faire ? » Ainsi, en tenant compte du désir suicidaire, sans chercher à le nier ni à le supprimer, on réintroduit la notion de temps et la possibilité de faire quelque chose de significatif durant cet intervalle. C'est l'occasion de réexplorer les projets abandonnés, d'exhumer les rêves négligés, de réinjecter de la vie dans ce « temps qui reste », sans le réduire à une simple attente. De l'idée de suicide, on peut passer ainsi à l'élaboration de nouveaux projets.

> Un patient est venu me voir avec cette demande : « Voilà, je sais que je n'en ai plus pour longtemps. J'ai un cancer métastasé et j'ai l'intention de me suicider avant de devenir un "légume" dépendant de ma famille. » Avant cette échéance, il voulait faire le point sur sa vie et sur tout ce qu'il avait accompli au cours de son existence. Cela a duré un an et demi et il est mort à l'hôpital, sans que plus jamais son désir suicidaire se soit à nouveau exprimé.

En aurait-il été de même si j'avais refusé d'entendre et d'accepter ce désir ? Celui-ci d'ailleurs n'était-il pas un ultime moyen pour le malade de garder le contrôle face à un cancer qui le dépossédait de tout ? N'était-ce pas un mécanisme de protection qu'il me fallait respecter pour lui permettre de cheminer vers la conscience de sa fin de vie ?

## Accompagner les émotions

Finalement, au-delà des mots qui parlent de l'anodin ou de l'essentiel, la parole vraie prend ses racines dans le cœur des émotions : la peur, la culpabilité, la tristesse, la honte, la colère, la rancœur, la méfiance, le doute, avec la crainte de les faire jaillir qui fait qu'on préfère souvent garder le silence. Mais aussi l'amour, la tendresse, l'affection, la reconnaissance, la vulnérabilité, sentiments sur lesquels on reste trop pudique.

Notre communication repose sur notre capacité à reconnaître et à accueillir l'intégralité de nos émotions (et pas seulement celles avec lesquelles nous sommes à l'aise). Par des questions comme : « Que ressens-tu ? », « Qu'est-ce qui est le plus difficile à vivre pour toi ? », « Qu'est-ce qui te fait mal ? » ou « Qu'est-ce qui te met si en colère ? », on parvient, petit à petit, à ouvrir un temps de paroles où se crée en même temps un espace de sécurité et de repos.

Ne craignez pas d'être submergé par l'émotion. Les larmes, les vôtres comme les siennes, sont inévitables, elles sont nécessaires et salvatrices. Je ne sais plus qui a dit : « Les larmes sont le lubrifiant de l'âme. » La parole vraie, aussi difficile soit-elle à faire émerger, apaise au bout du compte. Alors, pensez à la paix de la personne malade et aussi à votre paix d'aujourd'hui et à celle de demain, si elle devait mourir.

Parler, c'est également accepter de faire avec la peur et le doute. C'est accepter de devoir dire parfois « Je ne sais pas » ou « Je ne sais plus » et de rester tout de même auprès du malade. On a le droit de ne pas tout savoir ; on a le droit d'être tout simplement humain, conscient d'être perdu dans une situation sans repères. La maladie rappelle sans cesse au patient ce que cela signifie que d'être confronté à ses limites.

C'est peut-être parce que, tous les deux, vous en êtes conscients que vous parviendrez à avancer plus loin, au-delà de cette communication faussée où vous auriez stagné si vous aviez décidé de rester dans la solitude du silence.

# CHAPITRE 3

# COMMUNIQUER
# AVEC LES MÉDECINS

## LA VÉRITÉ, MAIS QUELLES VÉRITÉS ?

« Docteur, dites-moi la vérité sur l'état de mon mari. Je veux savoir. » On interroge, mais que souhaite-t-on vraiment savoir ? De quelle vérité a-t-on besoin aujourd'hui ? Qu'est-on prêt à entendre ? Car, dans notre souci de connaître la vérité sur la maladie – toute la vérité –, on veut aussi être protégé de sa violence.

Sans le savoir, on demande au médecin de nous ménager en nous révélant une vérité acceptable ou pas trop effrayante. Avec le temps, on va prendre conscience de la situation ; mais on a besoin d'abord d'accuser le coup. Car la vérité fait peur, quelle que soit cette vérité. D'ailleurs, comme le souligne le docteur Gomas[1] : « *Dire la vérité* est une très mauvaise expression, car la vérité n'est pas univoque ; elle varie dans le temps, avec le cheminement du malade et l'évolution de la maladie. »

La peur induit souvent le mensonge, car on ne sait pas comment va réagir le malade face à cette vérité. On craint de le briser et cette appréhension est tout autant

---

1. In *Soigner le malade en fin de vie au domicile*, éditions du Cerf, 1993.

partagée par le médecin que par les proches. Alors, sous prétexte de le protéger, le médecin et/ou l'entourage peuvent être tentés de priver le patient du véritable diagnostic. « Docteur, on a bien réfléchi, il ne faut rien lui dire ; de toute façon, vous voyez bien qu'il ne veut rien savoir, il ne demande rien ! »

Or, à moins que cette personne malade n'ait aucune conscience d'elle-même, ni de ce qui se passe autour d'elle, l'expérience montre qu'**elle sait toujours quelque chose**, même si cela est encore flou pour elle et même si elle ne demande rien ! Consciemment ou inconsciemment, elle a en effet capté suffisamment de signes extérieurs pour en arriver elle-même à cette conclusion (attitude du médecin ou des proches, types d'examens prescrits, manifestations physiques et évolution de son « problème » de santé, etc.). Cependant, elle n'a pas osé en parler jusqu'ici, de peur peut-être de voir confirmer ses plus terribles appréhensions.

La conspiration du silence est la chose la plus redoutable qui puisse s'installer entre le malade et ceux qui prennent soin de lui.

Le docteur Buckman[1] propose à ce sujet une analogie très pertinente : la situation du malade est similaire à celle d'une personne qui se rend à la banque car elle est très inquiète sur l'état de son compte. Elle a en effet reçu des relevés alarmants et tout à fait inhabituels. En consultant l'ordinateur, l'employé de banque pâlit brusquement à la lecture de ce qui s'affiche sur l'écran ; il adresse un sourire maladroit au client (qui sent alors son angoisse monter en flèche !), et se précipite auprès de son responsable. À l'issue d'une longue conversation chuchotée, le supérieur vient vers son client et lui

---

1. Robert Buckman, *I don't know what to say*, Mac Millan, Londres, 1988.

dit, avec légèreté, qu'il n'est pas nécessaire de lui donner l'état actuel de son compte. Il l'invite à rentrer chez lui et tente de l'apaiser avec des paroles rassurantes auxquelles le client ne croit pas. « Tout va bien, je vous assure. Il n'y a pas lieu de s'inquiéter, c'est juste un petit problème sans importance ! » Le client n'a pas accès à une information pourtant essentielle : il est désormais incapable de penser à autre chose et de vivre normalement, tellement il est angoissé par ce doute qui plane ! Il bloque tous ses projets, car on lui retire la possibilité d'aborder l'avenir en connaissance de cause.

Ainsi, au lieu de protéger le malade, on risque de le rendre encore plus vulnérable. « Mais j'ai peur de provoquer une catastrophe, si je lui parle trop directement ! », explique cette femme. Oui, c'est possible, mais tout dépend de ce que l'on dit et de comment on le dit. Il y a en effet une nette différence entre le fait d'asséner brutalement au malade des vérités crues sur son état de santé quand il n'est pas encore prêt à les entendre et prendre en compte le point où il en est vraiment.

Selon des études récentes effectuées auprès de malades, 50 % à 97 % des patients veulent savoir la vérité sur la gravité de leur état de santé. De plus, au fil des années, les médecins ont compris que le plus important n'est pas **de dire ou non** la vérité : ce qui compte le plus, c'est **comment** est énoncée cette vérité. En d'autres termes, le malade n'a pas tant besoin d'être protégé de la vérité elle-même que de la **façon** de l'en informer ! Les efforts des médecins et des proches doivent donc se focaliser sur la **manière** de communiquer le diagnostic. Là, effectivement, il est juste de dire que le patient a besoin d'être protégé d'une révélation brutale. La question est alors d'accompagner le malade vers une pleine prise de conscience de son état de santé.

Cette démarche est bien sûr du ressort du médecin et on peut espérer que son expérience lui permettra de mener à bien une si délicate entreprise. Néanmoins, il est possible que les circonstances soient telles que vous vous retrouviez seul à devoir annoncer la nouvelle! Si tel est le cas, voici quelques repères qui pourront vous aider :
– assurez-vous d'abord que vous avez du temps devant vous, un temps pendant lequel vous serez au calme avec le malade, sans que d'autres personnes ne viennent vous déranger ;
– assurez-vous également que le malade est disposé à parler avec vous. Remettez à plus tard votre entretien s'il est trop fatigué, par exemple, ou s'il a trop mal.

Le docteur Buckman conseille une démarche en cinq étapes.

• **Essayez de savoir ce que le malade sait déjà** : il a son opinion sur ce qui se passe en lui, il a sa propre interprétation sur ses différents symptômes et sur les examens complémentaires qu'on lui a fait passer. Demandez-lui ce qu'il en pense et ce qu'il comprend de son état présent. Vous aurez déjà une idée du chemin intérieur qui lui reste encore à parcourir.

• **Essayez de savoir ce que le malade a envie de savoir.**

Généralement, on sent assez vite jusqu'où le malade a envie d'aller ; il peut, par exemple, être très explicite sur son besoin de connaître tous les détails de son état de santé. En revanche, alors qu'on commence à aborder avec lui la question de sa maladie, s'il rétorque aussitôt quelque chose du genre : « Je ne souhaite pas en parler maintenant ! Je fais une totale confiance au docteur X, je m'en remets à lui, il va prendre tout ça en charge », le message est clair : « Je me doute bien que quelque chose se passe mais je ne veux pas trop savoir pour l'instant. »

• **Amenez progressivement l'information, en partant**

**de ce que le malade sait déjà**, et introduisez petit à petit des éléments nouveaux qui l'éclaireront de plus en plus sur la pleine réalité de sa maladie.

• **Des émotions vont émerger : il faut être prêt à les accueillir.** Toutes sortes d'émotions peuvent apparaître (dont certaines peuvent être violentes dans leur intensité). C'est pour cela qu'on a besoin de temps, d'espace et de calme. Il serait impensable d'annoncer un cancer à une personne et de quitter aussitôt la pièce car on a un rendez-vous important à l'extérieur.

• Après cet indispensable temps accordé à l'expression des émotions, tout dépend de votre qualité de présence auprès de cette personne. Elle peut désirer être seule ou éprouver, au contraire, le besoin de parler. Il peut être utile de commencer à élaborer avec elle des axes d'actions futures, mais sans précipitation et sans prendre de décisions hâtives ou radicales. Il n'y a pas d'urgence.

De même, je vous conseille vivement de ne pas faire de promesses que vous ne pourrez pas tenir (c'est ce qu'on a tendance à faire quand on est pris dans l'intensité des émotions).

De toute façon, sachez qu'il n'y a pas de bonnes ou de mauvaises façons de procéder. Il est presque certain que vous allez commettre une erreur à un moment ou à un autre. C'est normal, vous n'avez jamais été entraîné à divulguer des vérités aussi lourdes ! L'essentiel, c'est votre attitude d'écoute, votre disponibilité envers cette personne, même si les mots sont parfois maladroits. C'est surtout de cela qu'elle se souviendra et qui fera le noyau dur de sa confiance en vous.

Néanmoins, c'est le plus souvent le médecin qui va devoir délivrer la vérité à son patient. Dans le meilleur des cas, la relation de confiance préexistante rend possible un réel échange. Le médecin a à cœur d'être le plus sincère et le plus sécurisant possible. Il est là, détenteur d'informations vitales qui engagent l'existence, non seulement de son patient, mais aussi de tous ceux qui l'entourent. Et il arrive parfois qu'il ait peur de son savoir. Même le médecin le plus aguerri appréhende de révéler un diagnostic qui va bouleverser la vie de ceux qui sont venus à lui avec confiance.

## LES PEURS DU MÉDECIN

Il faut comprendre que le médecin peut avoir **peur qu'on lui reproche, personnellement, d'être porteur de la mauvaise nouvelle.** Il redoute d'être considéré comme responsable, en quelque sorte, du malheur qui s'abat sur la famille. Cette peur irrationnelle plonge ses racines dans un phénomène connu depuis l'Antiquité, qui consiste à identifier la nouvelle avec celui qui la transmet. Ainsi, autrefois, le porteur de sombres messages avait la malchance d'être exécuté, sorte d'exutoire à la violence et au désarroi provoqués par cette nouvelle ! Aujourd'hui, on ne cherche plus à tuer son médecin (!) mais il n'est pas rare qu'il soit agressé verbalement à l'annonce de la maladie grave : une mère me racontait qu'elle avait eu envie de gifler le cancérologue quand il lui annonça la leucémie de sa petite fille ! Même s'il n'y a pas de violence physique, le médecin peut ressentir un reproche ou de l'agressivité venant de l'entourage : consciemment ou non, on le critique – à tort ou à raison – sur sa manière d'avoir dévoilé le diagnostic, ou sur sa non-disponibilité, ou encore sur son manque d'humanité.

Ainsi, pour éviter d'être désigné comme celui par qui le malheur arrive, le médecin peut-il être tenté de modifier la réalité, afin de la rendre plus acceptable. Ce qui, d'ailleurs, n'est pas nécessairement une mauvaise stratégie, dans la mesure où il ne tombe pas dans le mensonge ou l'omission : il fait d'une pierre deux coups, en distillant l'information par touches successives. D'un côté, il se ménage une distance vis-à-vis de sa peur ; de l'autre, il accompagne le processus de maturation psychologique du patient (et des proches) et leur permet d'intégrer progressivement la totalité du diagnostic.

## La peur de ne pas savoir quoi dire

L'annonce d'une maladie grave va immanquablement provoquer d'importantes réactions émotionnelles chez le patient et au sein de son entourage. On peut comprendre que le médecin appréhende de ne pas être à la hauteur sur le plan affectif, pour contenir et apaiser ces débordements émotionnels.

De fait, si je me réfère à mes propres études de médecine, je n'ai jamais reçu un seul cours traitant de la communication avec le malade et ses proches dans des circonstances graves. Le jeune médecin est censé apprendre sur le tas lors de ses stages hospitaliers, mais cet apprentissage empirique est de toute évidence insuffisant pour parvenir à gérer les situations délicates. Il doit très souvent se débrouiller seul : le voilà démuni, maladroit et lui-même troublé. Soit il se jette à l'eau et improvise avec son cœur, soit il a la tentation de prendre la fuite (psychologiquement ou physiquement).

Les proches, évidemment anxieux et avides d'informations, se retrouvent face à un jeune médecin, apparemment glacial et fuyant, angoissé par la tournure des événements et par l'impact que ses paroles risquent d'avoir ! Craignant de s'enliser au niveau émotionnel, il choisit, volontairement ou non, de s'en échapper, en se cantonnant dans un registre plus mental et non chargé d'affect, répondant avec des termes médicaux et des explications incompréhensibles pour des non-médecins aux questions des proches, qui sont surtout d'ordre affectif.

Le pire est qu'il a parfois sincèrement l'impression d'avoir répondu de manière juste à ses interlocuteurs, sans réaliser qu'il a en fait vidé l'échange de son contenu affectif.

## La peur de ne pas être à la hauteur professionnellement

Ne pas pouvoir apporter toutes les réponses aux questions médicales des proches est une véritable inquiétude pour le médecin (d'autant plus qu'il est jeune dans la profession). Cette attitude tient, en partie, à une idée de toute-puissance médicale qui sous-tend nos études et qui présuppose que nous devons avoir toutes les réponses ! Être mis en doute sur ses compétences est en outre très déstabilisant car le médecin a souvent tendance à confondre identité professionnelle et identité personnelle, tant il a mis de lui-même pour acquérir ce statut. Il peut se sentir très directement remis en cause *personnellement* si, professionnellement, il est mis en défaut par une situation qui le laisse sans réponse. Compte tenu de cette crainte et du fait que les familles et les patients sont en demande pressante à son égard, il lui est difficile de garder son aplomb (et sa crédibilité) s'il est amené à dire « je ne sais pas ». Quitte à répondre n'importe quoi, simplement pour avoir une réponse à donner, ou à tenter de noyer le poisson, en ayant à nouveau recours au jargon médical.

Quels que soient les énormes progrès de la médecine, dans certaines situations, le médecin est sincère quand il dit « je ne sais pas ». Souvent il n'a que des hypothèses, alors que vous demandez des certitudes. Si vous ne mettez pas la pression en exigeant des réponses qu'il n'a pas, il se sentira compris et aura certainement d'autant plus à cœur de vous fournir les informations les plus fiables possibles.

À l'inverse, s'il se sent mis au pied du mur par des proches qui jugent ses réponses insuffisantes, il aura tendance à vouloir leur en mettre « plein la vue » pour ne pas perdre la face. Il se sent menacé par le doute qu'ils font peser sur ses compétences. Un rapport de forces risque de s'installer et c'est la porte ouverte aux reproches et aux conflits.

Néanmoins, si le doute persiste et que le « je ne sais pas » ne vous convient pas, il est tout à fait possible de prendre avis auprès d'un autre médecin. La courtoisie demande qu'on fasse part à son propre médecin de cette démarche, mais elle reste légitime si on est inquiet. Les susceptibilités individuelles risquent d'être un peu froissées, mais avec suffisamment de tact et de respect mutuel, on peut faire passer le message qu'il ne s'agit pas d'une attaque personnelle, mais, au contraire, d'un besoin légitime d'être rassuré et informé par d'autres sources.

Il existe pourtant un cas de figure où le « je ne sais pas » est juste et approprié : c'est sur la question du **pronostic exact de la maladie**, c'est-à-dire quand on lui demande d'estimer l'évolution de la maladie et d'évaluer éventuellement un délai avant le décès.

L'expérience montre que la marge d'erreur est très importante. Qui n'a pas entendu d'histoires où des prédictions médicales se sont avérées fausses ? Il est certes capital pour un malade et ses proches d'avoir une idée (même imprécise) du temps qui reste, *si* la maladie évolue : il y a des affaires à mettre en ordre ou des choses importantes à se dire. Mais il faut comprendre aussi que le fait d'énoncer une durée précise, et de façon irrévocable, risque de bloquer l'avenir et de paralyser les capacités du malade et de son entourage à se projeter dans le futur. Les projets tournent court, on renonce à ses rêves, on n'ose plus désirer ni espérer. Ni même vivre tout simplement, car une sentence de mort a été prononcée, peut-être trop hâtivement, ou sans réels fondements.

Si votre médecin se refuse à vous donner un pronostic trop précis, ce n'est pas par souci de cacher quelque chose. Il est prudent, à juste titre, car il connaît l'impact de ses paroles. Il sait combien certaines personnes sont capables d'arrêter leur existence parce qu'on leur a donné six mois ou un an de sursis, alors que, cinq ans plus tard, elles sont toujours vivantes. C'est une trop lourde responsabilité. Il peut néanmoins vous aider par une évaluation de la situation présente en s'appuyant sur les données dont il dispose aujourd'hui, sans préjuger des développements ultérieurs de la maladie qui obéissent à trop de paramètres différents.

## La peur de ses propres émotions

Le médecin est une personne (mais oui !). Son histoire, sa vie et son éducation lui ont peut-être appris à ne pas montrer ses émotions.

De plus, certains malades ou proches considèrent qu'il n'est pas « professionnel » pour un médecin de manifester ce qu'il ressent. (« Mon Dieu, je suis vraiment perdu, s'inquiètent-ils, car même mon médecin montre son inquiétude »). C'est pour ne pas éveiller de telles peurs (ou de tels reproches) que le médecin s'interdit l'expression de certaines émotions. Il est vrai aussi qu'on attend de lui contrôle et pondération en toutes circonstances. Sa neutralité est tout à fait appropriée en situation d'urgence. Mais la peur des émotions peut entraver la « personne-médecin » dans sa relation à autrui, quand les circonstances l'invitent à montrer un peu de son humanité : par exemple, au chevet d'un patient qui s'éteint et auquel il s'est attaché au fil des années, il voudrait partager son émotion avec l'épouse de son malade mais il n'y arrive pas, parce qu'il a peur de la réaction de celle-ci et craint lui-même ses propres sentiments.

## Une difficile mais incontournable nécessité

La peur est la plus mauvaise conseillère. Quand nous cherchons à parler de la vérité, nous devons, tous autant que nous sommes, malades, proches, médecins, sans cesse lutter pour ne pas tomber sous son emprise. Elle conduit toujours à des impasses, car elle génère trop souvent des blessures, des mensonges ou des vérités tronquées, dont les conséquences sont désastreuses pour le patient, sa famille et ceux qui prennent soin de lui. Comme le souligne le docteur Gomas : « La prise en charge d'un patient (cancéreux) sortant de l'hôpital se heurte, huit fois sur dix, aux mensonges invraisemblables et angoissants qui ont été énoncés et qui peuvent paralyser complètement le discours de tous les soignants libéraux de la famille du patient. »[1]

Protéger le patient, lors de l'annonce d'une vérité qui le menace, est une des priorités du médecin. Mais, nous venons de le voir, parce que le médecin tente lui aussi de se protéger contre ses propres peurs, il est conduit à de regrettables erreurs. Cependant, même si la communication est difficile à cause du stress provoqué par l'angoisse de la maladie, médecin et patient ont intérêt à un partage sincère et honnête du diagnostic. Cela demande du temps et de la patience, mais c'est une question de confiance et de respect.

Le contrat tacite qui naît d'un tel échange est ce qu'on appelle une **alliance thérapeutique** : on entre **ensemble** dans une collaboration visant à éradiquer le

---

1. *op.cit.*

mal. Sur cette base, il devient plus facile d'expliquer tel traitement ou examen complémentaire. Le patient a son mot à dire. Il retrouve un certain contrôle sur ce qui lui arrive, car il comprend le fondement des décisions médicales.

Le médecin a cependant une autre responsabilité vis-à-vis de son patient : en effet, si protéger le malade signifie lui garantir l'information la plus honnête sur son état de santé, cela veut dire aussi que le médecin **doit veiller à prendre en compte et à respecter les indispensables mécanismes de protection psychique que son patient met en place pour se protéger de l'angoisse générée par la maladie.** S'il oublie d'en tenir compte ou s'il les ignore, il peut se heurter à des attitudes défensives de son patient qui se sent trop brutalement agressé par la maladie.

## COMMUNIQUER DANS LE MONDE HOSPITALIER

Alors que votre compagnon se rhabille dans la salle d'examen, le médecin s'assoit à son bureau : « Il va falloir faire des examens complémentaires. Il est préférable que vous les fassiez à l'hôpital. Cela ne prendra que deux jours, le temps de réaliser un bilan complet. »

L'hôpital, ça y est. Vous saviez bien qu'un jour ou l'autre il faudrait y passer. Ce jour-là est arrivé et vous avez peur. Car l'hôpital est le lieu de toutes les angoisses et de toutes les espérances. Quand on entre dans le hall principal et qu'on est assailli par cette odeur si particulière, on ne peut pas réprimer un pincement au cœur. On réalise aussitôt combien notre relation à cet endroit est teintée de crainte, d'ambivalence et de sentiments contradictoires. On redoute cette transition entre l'univers familier de la maison, où on connaît l'ordre et le rythme de chaque chose, et l'atmosphère aseptisée de l'institution hospitalière.

D'emblée, on sent que quelque chose nous échappe et qu'on perd le contrôle. Il faut aller ici pour les admissions, là pour la caution de la télévision et du téléphone, là encore pour trouver le bureau de la surveillante générale. Et on se sent dépouillé de tout pouvoir de décision.

Pourtant, et c'est là que se situe notre ambivalence, on vient à l'hôpital parce qu'on a besoin d'y aller. On y entre parfois avec une attente pressante, une demande de prise en charge pour trouver enfin cette sécurité que le domicile ne parvient plus à assurer.

Il va falloir composer avec la perte d'intimité et l'envahissement relatif de son espace de liberté. En tant que proche, vous devez vous plier à des horaires inhabituels de repas et de visites. Avec parfois le sentiment frustrant d'abandonner votre malade à des mains étrangères, alors qu'à la maison vous saviez quoi faire et de quelles attentions particulières il avait besoin. Il est possible qu'à l'hôpital vous vous voyiez privé de ce rôle privilégié par des gens « qui ne savent pas s'y prendre aussi bien que vous ». D'où quelques tensions : alors que vous connaissez les préférences du malade, vous vous irritez de ne pas être entendu quand vous demandez aux soignants de les prendre en compte. Parfois aussi, vous hésitez à vous plaindre, car vous avez peur que cela ne retombe sur le malade, une fois que vous serez parti.

De même, vous avez du mal à comprendre que l'urgence de votre malade n'est pas forcément l'urgence du service hospitalier. Là encore, il existe un risque de friction avec l'interne ou l'infirmière que vous soupçonnez de négligence (ou de laxisme) dans la prise en charge de votre proche.

Compte tenu du climat de tension qui accompagne toute hospitalisation, vous avez des difficultés à prendre de la distance par rapport aux événements. Vous êtes moins disponible psychologiquement, vous prenez moins le temps pour vous poser ou pour parler, et ceci est majoré par le fait que les médecins eux-mêmes ne savent pas ou ne peuvent pas prendre ce temps-là. De multiples conflits éclatent, faits de luttes de pouvoir ou d'incompréhensions réciproques, qui sont parfois à l'origine de profondes blessures.

Cependant, quand on regarde de plus près ce qui se passe dans un service hospitalier, on réalise que la source principale des conflits se trouve dans **les difficultés de communication entre proches, malade et soignants**. Ne sachant pas à qui parler, ni quand, ni comment, on s'adresse aux mauvaises personnes qui donnent des informations incomplètes ou inappropriées. On croit comprendre quelque chose alors que c'est de l'inverse qu'il s'agit ! D'incompréhensions en malentendus, on finit parfois par exploser et une hostilité larvée s'installe, au détriment de tous, principalement du malade.

Sans prétendre résoudre la totalité des problèmes, il y a néanmoins des petits « trucs » à connaître, pour huiler les rouages de la communication au sein de l'hôpital.

## *Savoir qui est qui*

Le premier point important, dès l'admission, est de **vous identifier** le plus clairement possible auprès des différentes personnes qui vont s'occuper de votre malade. Pourquoi ? Parce que l'hôpital étant un lieu public où beaucoup de monde circule, la confidentialité est une règle essentielle à observer.

Les soignants ont la responsabilité de veiller à sa sauvegarde, pour le confort et la sécurité du malade. En vous identifiant clairement auprès des différents intervenants, vous évitez les regards parfois un peu méfiants quand vous posez une question sur le malade, ainsi que l'inévitable « mais, qui êtes vous, Monsieur, pour Madame X ? », de la part de l'infirmière garante de cette confidentialité. Il serait déplacé de prendre cette question pour une agression. C'est une simple protection du malade qui bénéficie du secret médical. De plus, toujours pour préserver le secret, on ne vous donne jamais par téléphone de renseignements médicaux précis si l'interlocuteur hospitalier ne vous connaît pas directement.

De même, il est essentiel d'identifier les – multiples – personnes qui gravitent autour du malade, afin de savoir qui est qui et qui fait quoi. Éventuellement, vous pouvez demander à chacun son rôle précis. Cela permet, d'une part, de **personnaliser la relation** et donc d'humaniser les rapports humains et, d'autre part, de mieux sélectionner votre interlocuteur en fonction du type d'informations que vous désirez donner ou recevoir.

N'hésitez pas à établir des contacts réguliers avec tout le personnel hospitalier (du médecin à la dame de service). Chacun a un rôle, chacun peut vous être utile et sera d'autant plus disposé à vous aider que vous serez connu dans le cadre d'une relation de proximité. On craint de déranger ou de prendre sur leur temps de travail (car c'est aussi une réalité que, les effectifs étant très réduits, le personnel a peu de temps pour parler). Mais il est possible de s'informer sur les tranches horaires de chacun, pour repérer les moments où il ou elle sera le plus disponible (le matin, par exemple, est un moment de la journée où médecins et infirmières sont le plus occupés par les visites médicales et les soins. La toute fin de matinée ou l'après-midi offrent davantage de créneaux libres car la pression du service est moins grande).

### Prenez rendez-vous

Il est difficile de parler sereinement avec un médecin qu'on parvient à coincer dans le couloir entre deux patients : pressé, il écoute à peine, et on s'énerve de ne pas être réellement pris en compte.

Un moyen d'éviter ce désagrément est de prendre rendez-vous avec lui, en se mettant tous les deux d'accord sur **un jour et une heure précis.** Il est utile également de définir clairement **le temps dont on dispose l'un et l'autre,** dès le début de l'entretien. Si prendre rendez-vous n'est pas possible, évitez de toute façon les entretiens à la va-vite entre deux portes, surtout si vous avez besoin d'informations importantes.

Vous êtes en droit de demander un cadre approprié à votre échange : il existe toujours un bureau ou une pièce dans le service, où vous pourrez trouver un peu de calme et d'intimité. Dans le meilleur des cas, l'entretien, même bref, devrait se faire assis : on a rarement des dialogues de qualité, debout dans un couloir au milieu du va-et-vient.

Un confrère médecin conseille à ses malades et à leurs proches de réfléchir à ce qu'ils attendent de la rencontre et, au besoin, de noter par écrit les différents points qu'ils souhaitent aborder afin de ne rien oublier. L'important est d'être le plus précis et le plus clair possible dans vos questions. Trop souvent, malheureusement, on tourne autour du pot pendant l'entretien et, quand le temps est écoulé, on s'affole et on formule la **véritable** demande à la fin de la visite quand il n'y a plus assez de temps pour une réponse précise et réfléchie ! Allez directement au but ! Cela permet d'aborder les problèmes dès les premières minutes et laisse la place à la réflexion, ou au recueil d'informations.

> Pour vous aider, voici les thèmes principaux qui, selon le docteur Buckman, résument ce qu'on attend d'un entretien avec le médecin.
> 1. Vous souhaitez des informations sur la maladie de la personne que vous accompagnez, sur les traitements, sur l'évolution et le pronostic.

2. Vous souhaitez des informations sur l'état psychologique du malade, sur ses besoins et sur ce que vous pouvez faire pour lui.

3. Vous souhaitez demander quelque chose pour le malade (une consultation spécialisée, un entretien psychologique, la visite d'une diététicienne, la modification d'un traitement, une permission de sortie pour le week-end).

4. Vous souhaitez obtenir de l'aide pour vous-même (un soutien pour la prise en charge à domicile, une rencontre avec un psy ou l'assistante sociale, etc.).

Il est important de se rappeler que le médecin est lié par le secret professionnel : il n'a pas le droit de divulguer certaines informations concernant son patient sans son accord. Dans certains cas, il aura besoin du consentement du malade pour vous parler librement – ceci, bien sûr, si le patient est conscient ou mentalement « compétent ». De même, il est souhaitable que le patient soit au courant de cette rencontre, car il risque de perdre confiance en vous et/ou en son médecin s'il découvre un rendez-vous à son insu, parce qu'il aura alors l'impression que quelque chose se trame derrière son dos. Il est aussi très utile de prendre des notes pendant l'entretien, car, avec l'urgence ou l'émotion, il est rare que l'on se souvienne de tout. Il est également recommandé de venir accompagné d'un proche qui pourra compléter ce que l'on aura peut-être oublié, ou refusé d'entendre.

### En cas de tension

Le chef de service n'est pas nécessairement la personne la mieux à même de vous renseigner et d'assurer un suivi étroit du malade. Il a une foule de problèmes à régler chaque jour et n'est pas toujours aussi au fait de la maladie que le chef de clinique ou l'interne du service. Aussi, n'hésitez pas à établir une relation privilégiée avec eux. Ce sont eux qui sont les plus proches de la personne malade. S'il y a conflit, essayez de le résoudre directement avec eux. C'est seulement dans un second temps, si vous ne parvenez pas à résoudre le problème ou si un conflit s'envenime, qu'il peut être nécessaire de demander au chef de service un arbitrage.

Enfin, ne soyez pas trop choqué si, finalement, on vous adresse au « psy » du service. Cela ne veut pas dire qu'on vous prend pour un fou ou qu'on méprise vos revendications. Dans ma pratique hospitalière, j'ai souvent été amené à intervenir dans des conflits opposant médecins et proches. Le « psy » a une position et un rôle particuliers dans un service. Il est moins impliqué directement dans les soins et sa neutralité lui donne un regard extérieur qui peut permettre de recadrer le problème et d'entendre véritablement les deux parties en conflit. Il n'est pas votre ennemi. Il ne va pas nécessairement prendre le parti des médecins. Il a un rôle de médiation pour tenter de trouver un compromis ou un consensus, où chacun se sent compris et respecté dans ses positions. Ce n'est pas une démarche facile et on arrive parfois à des impasses. Mais, en faisant preuve de bonne volonté de part et d'autre, on peut parvenir à se comprendre.

Cela étant dit, quand on est un proche du malade et qu'on a affaire avec le monde médical, il reste un point essentiel à comprendre : **ne jamais oublier que la responsabilité du médecin est d'abord, et avant toute chose, vis-à-vis de son patient.** Le médecin se doit de lui donner la priorité, **avant de prendre en compte les décisions et les avis de son entourage** (cela, bien sûr, si le malade est conscient et en mesure de prendre des décisions le concernant). Il est possible, néanmoins, qu'il ait laissé des instructions écrites qui font état de ses désirs au cas où il serait incapable d'en faire part lui-même. C'est une règle fondamentale, sujette à de multiples ajustements selon les situations, qui peut être une grave source de conflit quand les opinions des médecins et des proches divergent.

La famille a de toute évidence son mot à dire et il est également du devoir du médecin d'en prendre compte car l'entourage est déterminant dans la prise en charge du malade. Mais cela se fera toujours *après* avoir pris connaissance de l'avis du patient. Tout, alors, repose sur un réel effort de négociations. Ce qui déterminera l'issue d'un conflit potentiel est la capacité des deux parties à s'écouter véritablement avec un désir sincère de comprendre le point de vue opposé et d'élaborer ensemble une stratégie commune. Dans la mesure du possible, on a toujours intérêt à travailler les uns avec les autres, et non pas les uns contre les autres.

## S'informer et apprendre

Ce qui nous paraît compliqué ou incompréhensible nous effraie et, compte tenu du caractère souvent hermétique du langage médical, vous trouvez de multiples raisons de vous inquiéter. Comprendre ce qui se passe est un moyen efficace de parer à l'angoisse liée à l'ignorance. Savoir, avec le plus de précision possible, de quoi parlent les médecins ou les infirmières aide à se réapproprier un certain contrôle de la situation. S'informer sur la maladie, en connaître les évolutions possibles, les traitements et les examens complémentaires, donne des repères (savoir, par exemple, quoi faire à la maison ou à quoi s'attendre avec tel traitement).

En outre, une meilleure connaissance de la maladie et de ses conséquences aide à fonctionner le plus normalement possible dans des circonstances totalement inhabituelles, mais prévisibles et acceptables dans le contexte de la maladie. Le propos n'est pas que vous deveniez un expert médical, mais plutôt que vous vous appropriiez des informations solides qui vous permettent de comprendre le déroulement des événements, afin de ne pas être submergé par les données qui vous parviennent.

S'organiser aide considérablement : constituer un dossier où vous classerez les photocopies des résultats biologiques ou radiologiques (ne pas hésiter à les demander) ; y ajouter éventuellement des documents ou des articles de journaux dont on pourrait parler avec le médecin ; apporter ce dossier à chaque consultation et le tenir à jour, dans la mesure du possible. Cela peut aussi rassurer la personne malade qui ne se sent plus obligée de penser à tous ses résultats, avec le risque d'en oublier au passage.

**Où trouver les informations médicales ?**
Le **médecin traitant** est la meilleure source s'il a le souci d'utiliser un langage à la fois clair et simple. Si vous ne comprenez pas une information, demandez-lui de vous réexpliquer ce qu'il veut dire. L'objectif est que les données soient accessibles et compréhensibles pour vous. Vous serez alors en mesure de restituer des informations fiables au malade (qui n'a peut-être pas tout compris) et au reste de l'entourage qui vous presse de questions après la consultation.

**Osez poser des questions et faites répéter si vous ne comprenez pas.** C'est aussi le rôle du médecin de vous éduquer sur la maladie.

Il existe aussi des **livres de vulgarisation** sur certaines maladies. Le médecin peut également vous orienter vers des **associations** qui délivrent des brochures ou de la documentation médicale. Enfin, il existe également des **numéros verts** (voir en annexe) pour lesquels les appels sont gratuits. Les **infirmières** sont aussi des relais d'informations essentiels, surtout en ce qui concerne la gestion du quotidien. L'infirmière, hospitalière ou libérale, a la possibilité de vous enseigner des gestes simples, mais extrêmement utiles, comme, par exemple, faire une piqûre, dans certains cas, poser et surveiller une perfusion ou encore apprendre à pratiquer des petits soins paramédicaux ou d'hygiène. Cela fait partie de ses fonctions et il ne faut pas hésiter à solliciter son aide. D'une part, vous la soulagerez peut-être dans son travail à domicile et, d'autre part, en pratiquant certains soins vous-même, vous créez un rapport plus étroit avec la personne malade.

Être simplement, mais correctement, informé sur la maladie est une condition presque indispensable pour un suivi de qualité. Dans la mesure où la divulgation d'une information ne viole pas le secret médical et que cela se fait avec l'accord du patient, c'est un devoir du médecin de vous délivrer ce savoir.

# CHAPITRE 4

# L'ENFANT FACE
# À LA MALADIE
# GRAVE
# D'UN PARENT

« Ne t'inquiète pas, ton petit Julien ne comprend pas ce qui se passe. Ce n'est pas la peine de lui en parler. » « Je veux protéger ma petite fille, mais il faut que je lui dise que son papa est malade. Il va peut-être mourir. Que se passera-t-il si je n'arrive pas à le lui dire avant qu'il meure ? »

Que dire ? Que faire ? Comment parler à l'enfant de la maladie grave ? À peine émergez-vous vous-même du choc du diagnostic que votre regard se pose sur ce petit garçon, à quatre pattes dans sa chambre, qui joue avec ses Lego, ou sur cette petite fille qui s'applique à ses devoirs de classe. Vous vous dites que ce n'est pas possible d'abîmer cela, que vous n'avez pas le droit de lui annoncer une nouvelle qui va démolir sa sécurité, sa bienheureuse insouciance. Aujourd'hui, tout n'est pour cet enfant que certitude, parce que son papa et sa maman sont là « pour toujours ».

Vous vous dites aussi qu'il faut protéger l'enfant, le préserver du malheur parce qu'il est trop petit pour goûter à l'amertume de la vie. Vous voulez croire que le silence ou le mensonge sont légitimes pour le maintenir à distance d'une souffrance qu'il ne mérite pas. Et vous oubliez qu'il a des yeux pour voir, des oreilles pour entendre et un cœur pour avoir peur et imaginer le pire quand les adultes se taisent.

Mais, avant de pouvoir lui parler, encore faut-il avoir pu vous parler à vous-même ! Vous ne serez accessible à votre enfant que dans la mesure où vous serez accessible à votre propre intériorité, à cette vérité qui parle de vie en danger. Une vérité dont vous avez vous aussi besoin de vous protéger. Sans cette démarche personnelle, comment pourrez-vous faire de la place à ce que vit l'enfant ? C'est indispensable pour pouvoir lui parler. Si vous vous fermez à vos émotions et vous interdisez toute parole, il apprendra très vite la leçon : il s'enfermera à son tour dans le silence, livré à son imagination qui élaborera des scénarios toujours plus effroyables que la réalité, vous pouvez en être certain !

Une chose doit être claire : **l'enfant sait toujours que « quelque chose » se passe**. Quel que soit son âge, il capte, consciemment ou non, toute modification, même subtile, de son environnement familier : les conversations chuchotées quand on croit qu'il n'entend pas, les yeux rougis de Maman qui s'efforce en vain de lui sourire en raccrochant le téléphone, l'air soucieux de Papa qui oublie depuis un mois de lui lire une histoire avant de s'endormir.

## LES PREMIERS SIGNES D'ALERTE

Quand bien même votre enfant n'a qu'une perception confuse de la situation, il va essayer de vous communiquer son mal-être et son besoin de savoir par des chemins détournés. Lui-même en est d'ailleurs rarement conscient. La plupart du temps, l'enfant émet des signaux d'alerte sans le savoir, dans l'espoir que quelqu'un les comprendra et l'aidera à y voir plus clair.

• **Les troubles du sommeil** (réveils fréquents, insomnie, peur d'aller se coucher, cauchemars) sont un indicateur très fidèle de l'angoisse de l'enfant.

• **Une modification de l'appétit :** perte d'appétit, refus alimentaire, voire manifestations physiques, comme des maux de ventre répétés ou des vomissements.

• **Des modifications de son comportement habituel :** par exemple un petit garçon calme devient une véritable furie qui s'agite sans cesse, qui n'obéit plus et n'en fait qu'à sa tête!

• **L'apparition de peurs** qui n'existaient pas auparavant (cela montre qu'il perçoit une menace dans son environnement, mais qu'il ne parvient pas à l'identifier), peur du noir ou des microbes, peur de se retrouver seul, etc.

• **La perte d'acquisitions** récentes (propreté, subtilités de langage, etc.) chez les plus jeunes, ou un retour du pipi au lit.

• **L'échec scolaire** (ou la chute de ses performances) signe son incapacité à gérer seul la situation, quand l'adulte ne vient pas à son secours. C'est en effet très souvent par le biais de l'école que l'enfant va faire savoir l'intensité de son désarroi.

Il est capital de l'aider au plus vite. Il a besoin d'être soutenu, valorisé et encouragé dans son effort scolaire, en dépit de tout. Il est important de lui éviter l'échec dévalorisant qui entame l'estime de soi. Ce petit enfant est déjà mis à rude épreuve, il doute de pouvoir vraiment faire face aux événements. Ne le laissez pas s'abandonner à l'échec scolaire en le justifiant par la situation de crise familiale. Cela provoque plus de dégâts qu'on ne l'imagine. De plus, il peut avoir **besoin de l'école**, de sa stabilité et de sa structure rassurante, quand tout est bouleversé à la maison! L'école lui donne un cadre sécurisant où il peut trouver, pour un temps, les bases et les repères qui lui font défaut. C'est un lieu où il reste en contact avec ses amis et où se passe une grande partie de sa vie de petit enfant. Il y retrouve ses habitudes et ses rythmes, en contraste avec la lourdeur ou l'agitation anxieuse de la maison.

## La dépression

Même si elle ne se manifeste pas comme chez l'adulte, la dépression existe chez l'enfant. Ainsi, un petit enfant très calme (trop calme) qui ne dit rien, ne fait aucun bruit et semble traverser sereinement les événements, peut être en proie à un intense vécu dépressif. Les signes extérieurs sont très discrets, outre ceux décrits plus haut. Prenez le temps de regarder ses dessins. Ils montrent souvent des paysages désolés ou bien des scènes très violentes, en rupture avec ce que l'enfant dessinait auparavant. Les arbres n'ont pas de feuilles, le ciel est plombé et le soleil voilé ou absent. Il peut également s'entretenir longuement avec son nounours ou ses poupées, en leur expliquant « qu'il ne faut pas être triste » – il projette là sa propre tristesse. Ou encore, il les punit parce « qu'ils ont été méchants » – il projette alors sa culpabilité.

À un degré supérieur, l'enfant dépressif parle de mort, de suicide ou d'envie « de ne plus être vivant ».

Au moindre doute sur un possible état dépressif – et a fortiori, sur le moindre énoncé d'un désir suicidaire –, il est indispensable de conduire l'enfant auprès d'un professionnel (pédiatre, psychologue, psychanalyste ou psychiatre pour enfants) pour évaluer la gravité de la situation.

Un enfant déprimé ne doit **jamais** rester sans soins, car une dépression non traitée est trop délabrante psychologiquement.

## La culpabilité

Face à la maladie d'un parent ou d'un proche, la détresse de l'enfant trouve son origine à de multiples niveaux. La culpabilité est souvent au cœur de ses préoccupations, même s'il n'en parle jamais. En clair, l'enfant se sent coupable de la maladie. Cette culpabilité provient de ce que l'on appelle la *pensée magique*, fonctionnement psychique normal chez l'enfant qui lui fait croire que tout ce qui se passe autour de lui est, de près ou de loin, « à cause de lui » ou « de sa faute ». Ainsi, il est persuadé qu'il a une responsabilité dans la maladie de son parent (par exemple, son père lui dit un jour « tu vas me rendre malade à être aussi insupportable » et un cancer est découvert quelques semaines plus tard. Pure coïncidence, mais l'enfant, consterné, est convaincu qu'il en est la cause).

Ainsi, dès que vous commencez à lui parler de la maladie, **il faut lui affirmer qu'il n'a aucune responsabilité dans l'état de santé de son parent.** N'hésitez pas à le lui dire, directement et simplement, même s'il ne manifeste rien et même si vous considérez qu'il est superflu de lui énoncer une telle évidence. C'en est une pour l'adulte mais pas forcément pour l'enfant.

## POURQUOI PARLER À L'ENFANT

Vous vous demandez peut-être pourquoi il est si important de parler à l'enfant. Après tout, ne pourrait-on se contenter d'une vérité tronquée qui va le protéger de l'angoisse ? Malheureusement non, car le silence ne protégera pas l'enfant d'une réalité à laquelle il ne peut échapper si la maladie devient trop manifeste. Un mensonge délibéré rend au bout du compte les choses beaucoup plus compliquées. Quand finalement la vérité éclate, le mensonge enseigne à l'enfant que les adultes qui s'occupent de lui ne sont pas fiables ni dignes de confiance. **Perdre confiance en ces personnes qui sont garantes de sa sécurité est une expérience déstabilisante pour l'enfant.** Cela peut altérer sa capacité à se fier à autrui.

En outre, si on isole l'enfant dans le silence, il se voit privé de l'occasion de parler à son parent malade. Il a peut-être des choses essentielles à lui confier ou à lui demander. Et si le parent chemine vers sa fin de vie, l'enfant a aussi besoin de lui dire au revoir.

On n'a pas le droit de voler à un enfant cette expérience, même si on la juge traumatisante. Elle lui appartient en propre et s'inscrira profondément en lui jusqu'à la fin de ses jours. **Si la mort arrive, elle fera partie de son histoire**; et on ne peut rien y faire, aussi fort que puisse être le désir de l'adulte qu'il en soit autrement.

Tout comme l'adulte, l'enfant a besoin de cheminer intérieurement afin d'encaisser la violence de la maladie. Il est vain d'imaginer le protéger pendant des mois en le maintenant dans le silence pour finir par lui asséner un jour : « Ton papa est mort. » Il n'aura pas eu le temps de se préparer et ne disposera d'aucune marge de manœuvre psychique pour se protéger de cette soudaine agression.

Il ne faut pas sous-estimer l'enfant. Avec les mots appropriés, en tenant compte de son âge et de sa compréhension des événements, vous parviendrez à une réelle communication avec lui. Cela lui permettra de faire face d'une manière qui pourra vous étonner. Il a besoin qu'on le respecte en lui parlant vrai et qu'on lui fasse confiance. Il a besoin de savoir et il en a le droit. En outre, maintenir le silence autour de l'enfant est un stress supplémentaire pour les parents. Or, la famille a besoin de toutes ses forces pour rester unie. Chacun, à son niveau, du plus petit au plus grand, apporte sa contribution. Chacun peut grandir, s'il trouve sa juste place. Et **la place de l'enfant n'est pas dans le silence**.

### Alors, que dire ? Et comment le dire ?

On ne le répétera jamais assez : **l'enfant ne se permettra que ce que l'adulte se permettra lui-même.** Si l'adulte se refuse à la parole et à l'échange (avec lui-même ou avec autrui), il aura devant lui le spectacle (faussement) rassurant d'un enfant qui ne manifeste rien et ne pose aucune question. Mais celui-ci n'en pense pas moins! L'enfant, par des canaux d'informations passant inaperçus aux yeux des adultes, exprime beaucoup plus qu'on ne l'imagine.

On vient de le voir : écoutez-le et regardez-le jouer avec ses poupées ou avec ses soldats ; penchez-vous sur ses dessins et tentez d'interpréter ce qu'ils révèlent, en lui demandant tout simplement ce qu'il a voulu dessiner et pourquoi. Soyez attentif à l'agressivité ou à la violence de ses jeux de guerre ou de ses combats intergalactiques. Vous disposez là de clefs essentielles pour commencer à comprendre où il en est. À sa façon, il vous parle très clairement, si vous lui donnez la chance de se faire entendre.

Après, c'est à vous de choisir. Car il faut que vous alliez au-devant de lui. Dans la majorité des cas, l'enfant ne viendra pas de lui-même. Il faut aller le chercher, avec le plus de tact possible, sans pour autant faire du « forcing ». Il ne faut pas le contraindre à parler, s'il ne veut pas ou s'il n'est pas prêt! Il a besoin de temps pour mûrir ce qu'on lui annonce. Gardez à l'esprit que son jeune âge ne lui permet pas de tout absorber d'un coup : il ne peut assimiler les nouvelles qu'on lui donne que par petites tranches successives, entrecoupées de moments où il se déconnecte de la gravité de la situation par une (apparente) insouciance. L'adulte un peu perplexe se demande alors si son enfant a bien compris ce qu'il lui a dit! Mais s'il repart jouer quand on lui annonce que sa maman est très malade à l'hôpital, il a pourtant très bien entendu! Il faut tenir compte de sa capacité à intégrer l'information. Cela se fera progressivement. C'est pourquoi il est nécessaire d'y revenir souvent afin de l'aider dans son processus de compréhension. De même, il est important d'être vigilant à toutes les émotions qu'il aura besoin d'exprimer et de leur donner la place nécessaire.

De la manière la plus simple possible, **on dira à l'enfant que soi-même (ou l'un de ses proches, ou l'autre parent) est malade,** en minimisant le moins possible la gravité réelle de la maladie. Il est utile de dire le nom de la maladie. Il y a des pathologies qu'on peut aujourd'hui nommer explicitement, comme le cancer par exemple.

Mais la situation est plus délicate pour le sida. Dans mon expérience, dire le mot « sida » est souvent impossible pour le parent malade : il craint en effet (et souvent à juste titre) que l'enfant s'effraie, compte tenu de toutes les informations alarmistes que les médias ont diffusées par le passé. L'enfant peut avoir une image très floue ou déformée du sida, en étant, par exemple, incapable de faire la différence entre une séropositivité efficacement contrôlée par des nouveaux traitements, et le « sida maladie » à un stade avancé. Par ailleurs, il n'a pas toujours conscience de l'impact des mots. Il peut, sans y prendre garde, parler du sida à l'école et à ses amis qui, à leur tour, le répéteront à leurs parents. Compte tenu des peurs irraisonnées qui continuent à sévir, l'enfant et ses parents risquent d'être exposés à des attitudes d'exclusion et de rejet qui ne feront qu'ajouter au stress et à la confusion de la famille. Il faut donc parler à l'enfant, d'une part en lui expliquant que ce diagnostic doit être partagé avec circonspection, que c'est un « secret » entre lui et ses parents. D'autre part en lui donnant des informations simples, adaptées à son niveau de compréhension sur la séropositivité et le sida (par exemple, sur le fait qu'il ne peut pas être lui-même contaminé par les gestes de la vie quotidienne).

Une fois la maladie révélée et, si possible, nommée, **il est important de prendre du temps pour laisser parler l'enfant, afin qu'il exprime ce qu'il ressent.** Il aura peut-être envie de pleurer et on doit être prêt à accueillir ses larmes. C'est une réaction normale et il faut la traiter comme telle. Il aura peut être des questions à poser ou il manifestera des émotions (colère, violence, culpabilité) auxquelles il faut être attentif. Ce n'est que dans un deuxième temps qu'on pourra prendre soin de **rassurer l'enfant.** Comme je l'ai dit plus haut, **il a besoin d'entendre qu'il n'est pour rien dans ce qui arrive.**

Comme le petit enfant a tendance à tout ramener à lui, **il a également besoin d'être rassuré sur le fait qu'il ne va pas attraper la même maladie.**

> Je me souviens d'une petite fille de 8 ans qui n'osait plus toucher les objets que sa mère, atteinte d'un cancer du sein, prenait en main ; elle avoua plus tard qu'elle avait peur de tomber malade comme sa maman.

On va ensuite **expliquer à l'enfant ce que l'on sait de la maladie** : comment elle s'attrape, comment elle se manifeste, comment on la soigne et pourquoi on doit aller à l'hôpital. L'enfant peut entendre cela. Il a une capacité de compréhension qui dépasse ce que l'adulte imagine, dans la mesure où on s'ajuste à son niveau.

## LES TRANCHES D'ÂGE

Il est évident qu'on ne parlera pas de la même manière à une petite fille de 5 ans et à un jeune adolescent de 11 ans. Les capacités de compréhension sont différentes en fonction de l'âge de l'enfant.

### Le tout petit (entre 3 et 5-6 ans)

Il a une pensée très concrète, collée à la réalité objective, avec une grande difficulté à intégrer les notions trop abstraites. Néanmoins, il sait ce que c'est que d'être malade, car il l'a déjà été lui-même. C'est un point de départ. Il faut s'en tenir à des informations simples, en utilisant au besoin un ours en peluche pour décrire la maladie et là où elle se trouve.

On peut aussi lui donner les grandes lignes du traitement et de la prise en charge (nécessité des hospitalisations, fatigue chez le parent à cause des médicaments, etc.) sans avoir besoin de mentir. Il faut éviter d'utiliser un langage trop imagé car l'enfant, à cet âge, va tout prendre au pied de la lettre. (Par exemple : un petit garçon qui avait surpris une conversation où un médecin parlait de la « pêche » que sa mère avait dans le crâne – pour désigner une tumeur au cerveau – se demandait comment diable un tel fruit pouvait pousser dans la tête !).

## Le plus grand (entre 6 et 10-11 ans)

En plus de ce qui précède, on peut lui apporter des précisions sur les traitements ou sur le lieu des soins. Éventuellement, on lui proposera d'aller visiter son parent à l'hôpital (si le règlement du service le permet) ou, du moins, d'aller voir cet hôpital, de loin, afin que l'enfant se fasse une idée de l'endroit où sa Maman ou son Papa se fait soigner. Si c'est possible, pourquoi ne pas lui présenter les médecins et les infirmières qui s'occupent de son parent ? Cela lui permettrait d'identifier les personnes dont on lui parle souvent. Ce serait également une occasion pour lui de poser les questions (ou de lui en poser) afin qu'il s'approprie l'image la plus juste de ce qui se passe pour son parent malade. Quelles que soient les circonstances, l'enfant saura toujours gré à l'adulte de solliciter sa collaboration et sa confiance. On s'étonnera alors de voir combien ses réactions sont appropriées, s'il sent qu'on le prend au sérieux et qu'on compte sur son intelligence.

## L'adolescent

Il n'a pas une position facile : de façon consciente ou non, il est en relatif conflit avec ses parents, dans un mouvement – normal, vu son âge – de recherche d'autonomie et d'indépendance. Cependant, il sait qu'il a encore besoin de la sécurité de son cadre familial. Ainsi, même en dehors de toute maladie, il est souvent coincé dans cette inconfortable ambivalence vis-à-vis de ses parents. On comprend donc que celle-ci soit amplifiée et d'autant plus difficile à vivre si l'un d'entre eux tombe malade. Il aspire à vivre sa vie mais il se culpabilise à l'idée de quitter, physiquement ou psychologiquement, un parent aujourd'hui malade. Qui sait s'il ne lui en veut pas de lui « faire ce coup-là » !

Rien n'est simple pour l'adolescent : ses repères sont en pleine mutation ; ses parents ont perdu un peu de leur prestige ou de leur crédibilité et il a parfois besoin d'une oreille extérieure à la famille, afin de trouver son propre espace d'expression. Avec un peu de chance, il le trouvera spontanément auprès d'autres adolescents ou auprès d'un professeur, ou encore d'un(e) ami(e) de la famille qui a sa confiance. Mais il est également possible de lui proposer de rencontrer un des médecins ou une des infirmières qui s'occupent de son parent, voire de lui suggérer une entrevue avec le « psy » du service hospitalier.

S'il y a bien une chose que l'adolescent ne pardonnera jamais, c'est le mensonge. Là, plus que dans toutes les autres situations, il est indispensable de lui dire la vérité sur l'état de santé de son parent. On peut se permettre à cet âge de s'étendre sur les explications et de répondre le plus complètement possible aux questions qu'il pose. L'adolescent a besoin de ce rapport d'adultes où il se sent traité en égal – en n'oubliant jamais cependant qu'il n'est qu'un jeune adulte qui s'essaie à la vie. En dépit de ses revendications, le petit enfant en lui n'est pas très loin. Il a encore besoin de sécurité et de l'assurance que son univers familier conserve malgré tout sa cohérence.

## LE BESOIN DE SÉCURITÉ

Ce dernier point est essentiel : quel que soit son âge, l'enfant est viscéralement en demande de sécurité. Plus il est jeune, plus cela est vrai. Il se trouve violemment menacé, au cœur de son existence, par la maladie de son parent et il ne dispose pas encore de ressources intérieures suffisantes pour y faire face comme l'adulte. C'est donc à cet adulte de lui garantir la mise en place de garde-fous qui vont le protéger du mieux possible des agressions psychiques de la maladie.

L'enfant trouve l'essentiel de sa sécurité intérieure **dans le quotidien**. Il construit ses repères autour du déroulement prévisible et habituel des différents moments de sa journée, et il trouve son apaisement dans la prédictibilité des événements.

Plus l'enfant est jeune, plus il est rassuré par une routine que l'adulte s'efforcera de préserver en dépit des multiples imprévus qui émaillent le cours de la maladie – cette exigence vis-à-vis de l'enfant est, il faut le reconnaître, un facteur de stress supplémentaire pour le parent.

Il faut essayer de limiter le plus possible les changements de la vie quotidienne et de préserver plus ou moins les activités habituelles (les cours de judo du lundi soir, les matchs de foot du mercredi après-midi, les goûters d'anniversaire, etc.). Les « personnes-ressource » de l'entourage constituant le réseau de soutien des parents sont d'un précieux secours. Elles aident à accomplir les tâches pratiques (grandes consommatrices de temps) et déchargent ainsi le parent non malade de nombreuses contraintes (aller chercher les enfants à l'école, les conduire à la piscine, les occuper le dimanche après-midi).

Le secret pour rendre ce soutien efficace est d'être toujours très précis sur le type d'aide dont on a besoin de la part d'autrui, car les gens qui se mettent à disposition ne savent pas toujours quoi faire pour être vraiment utiles.

L'enfant a aussi besoin de savoir comment sa vie va se réorganiser : « Qui va s'occuper de moi quand Maman ira à l'hôpital ? Qui va faire les choses que Papa faisait habituellement ? Est-ce qu'on va aller en vacances ? Est-ce que je vais quitter l'école pour travailler et gagner de l'argent ? »

Aucune question n'est stupide. Elles sont toujours le reflet d'une angoisse chez l'enfant. Aussi, il faut toujours prendre soin d'y répondre le plus sincèrement et le plus honnêtement possible, en essayant de lui garantir un maximum de stabilité pour l'avenir. Il ne faut pas non plus hésiter à **aller chercher ses questions** car, même si l'enfant ne demande rien, il y a de fortes chances pour que bon nombre d'entre elles occupent son esprit, tout en restant sans réponse.

## L'ENFANT SAGE

Il faut ici ouvrir une parenthèse concernant l'enfant sage. Certains enfants demeurent extrêmement calmes et silencieux, alors que tout semble s'écrouler autour d'eux. Ils réagissent de façon presque neutre aux événements. Certes, une telle attitude peut être rassurante pour les parents s'ils s'en tiennent à une vision de surface : un petit enfant qui ne fait pas de vagues est plus facile à vivre qu'un autre, déchaîné par l'angoisse et hors de tout contrôle. Mais ce silence et cette impassibilité sont très souvent trompeurs car ils masquent une **authentique détresse** à laquelle l'adulte doit prêter attention.

L'enfant a peut-être mille raisons (justifiées ou non, rationnelles ou non) de taire ses questions et son anxiété. Comme on l'a dit plus haut, il peut se sentir coupable de la maladie du parent. Il va alors choisir d'adopter un profil bas, afin de ne pas se faire remarquer et d'être ainsi « démasqué ». Il peut être aussi tellement terrifié par l'ampleur de la situation qu'il va tenter de se protéger en fermant toutes ses écoutilles psychiques et en se déconnectant de ses émotions. Il évite alors de soulever la moindre question concernant la maladie, car il redoute trop les réponses qu'on pourrait lui fournir. Une autre possibilité est que l'enfant ait capté le message inconscient de ses parents qui lui fait comprendre qu'il est préférable de ne rien dire, de ne rien demander, et de ne rien montrer : il se conforme alors inconsciemment aux attentes de ses parents qui ne vont rien tenter pour l'aider à exprimer ce qu'il ressent.

Face à un tel comportement de l'enfant, l'attitude juste est toujours la même : en se rendant accessible à lui et en l'invitant progressivement à sortir de sa réserve, on lui permettra, avec douceur et patience, de faire part à l'adulte de ses plus grandes appréhensions

## POSER LES LIMITES

L'enfant ou l'adolescent, confronté à la maladie d'un de ses parents, va parfois adopter des comportements inhabituels : il se positionne comme le « petit homme » ou la « petite femme » de la maison, ou il prétend faire la loi auprès des plus jeunes, ou encore, il devient hyperprotecteur pour le parent non malade.

C'est le résultat d'une **redistribution inappropriée des rôles familiaux** où l'enfant assume des rôles qui étaient impartis au parent malade.

Un exemple : une mère de trois enfants est hospitalisée. Cela déclenche une « crise familiale » et tout doit être mis en œuvre pour retrouver un nouvel équilibre. Pour cela, il faut qu'il s'opère au sein de la famille une redistribution des rôles que la mère assumait à la maison.

Si la petite fille de 11 ans, aînée de la fratrie, s'imagine qu'elle doit prendre ces rôles à sa charge, la tâche est écrasante : elle doit être la mère des deux autres enfants, l'épouse de substitution de Papa, l'intendante de la maison, la médiatrice entre les différents membres de la famille et la pourvoyeuse d'amour et de sécurité ! Personne ne lui a pourtant rien demandé : tout s'installe inconsciemment dans un non-dit familial. Peu à peu, la famille se restabilise : la mère est hospitalisée depuis deux mois, le père continue d'assumer ses obligations et il est heureux de voir son aînée prendre tant de responsabilités. Il est fier de sa « petite femme » qui gère aussi bien la maisonnée !

Tout semble revenu à la normale, mais ce nouvel équilibre est en fait terriblement précaire, car la répartition des rôles est inappropriée : elle fait peser sur la petite fille un poids incompatible avec une vie d'enfant. Ainsi, après deux mois, cette petite fille commence à voir chuter ses résultats scolaires, elle semble de plus en plus stressée, elle dort de moins en moins bien, elle a sans cesse mal au ventre, mais elle n'ose en parler à personne. Un jour, elle craque, elle s'écroule en larmes en classe, devant un entourage stupéfait de voir cette enfant dans un tel état de surmenage psychologique, alors que personne n'avait rien remarqué !

Si une situation de crise déstabilise l'univers familial, il faut toujours s'assurer que la nouvelle répartition des rôles est compatible avec ce que chacun des membres de la famille est capable de supporter. On ne doit pas laisser l'enfant s'installer dans un tel mode de fonctionnement ; c'est une responsabilité qu'il est incapable d'assumer. L'enfant a également besoin d'être cadré par un adulte qui lui affirme que, par exemple, « Papa est toujours Papa, même s'il est malade ». Il faut lui faire comprendre qu'il n'a pas besoin de changer quoi que ce soit dans son attitude, car les « grands » sont toujours là pour assurer leurs rôles, même s'ils doivent un peu les modifier.

L'enfant peut également avoir envie de profiter de la situation quand il perçoit un relâchement des règles familiales : il faut lui redonner des limites et lui rappeler sa place d'enfant. C'est une garantie qu'on lui donne pour préserver sa sécurité psychique.

Il est essentiel, d'ailleurs, de garder le parent malade impliqué dans la vie quotidienne de l'enfant. C'est une erreur de mettre le malade à distance, car cela le coupe de son enfant qui perd alors un référent important, même si le parent est diminué.

## Si LA SITUATION DU PARENT SE DÉGRADE

Si, en dépit des soins, la maladie s'aggrave et que son évolution n'offre plus d'espoir de guérison, l'enfant s'engage, avec le reste de la famille, dans une dynamique d'accompagnement de fin de vie. Mais encore faut-il qu'il le sache ! Il ne pourra pas s'ajuster à cette nouvelle évolution de la maladie, si on continue à ne rien lui dire.

L'enfant sait qu'on peut mourir, il l'a souvent vu à la télévision ou au cinéma : même la maman de Bambi meurt, même le père du Roi Lion disparaît. Vous croyez peut-être qu'il n'est pas capable d'assumer cela. Pourtant, il le peut, et il le pourra d'autant mieux que vous l'aurez aidé et accompagné.

La plupart des enfants veulent savoir ce qui ce passe. S'ils sont suffisamment grands (et s'ils le désirent), ils ont probablement eu la possibilité de rendre visite à leur parent malade à l'hôpital, et ce qu'ils ont vu et compris laisse peu de doutes sur leur disponibilité à entendre la vérité.

« Tu crois que Papa va mourir ? demande-t-il en quittant l'hôpital.

– Toi, qu'est-ce que tu en penses ?

– Ben oui, je crois qu'il va mourir.

– Oui, moi aussi, je le crois. »

Ne soyez pas trop pudique dans vos émotions. Sans exploser dans une décharge émotionnelle qui serait trop angoissante pour l'enfant, laissez-lui voir votre tristesse afin qu'il s'autorise la sienne. Parler de ce qui se passe en lui, encore et encore (en sachant que l'enfant a aussi, de temps à autre, besoin de se retrouver seul, pour se recentrer sur lui-même).

Demandez à l'enfant ce qu'il ressent. Y a-t-il des choses qu'il a besoin de dire au parent malade ? Est-ce qu'il souhaite lui transmettre quelque chose, un dessin, un poème ou une lettre qui, symboliquement, prendrait valeur d'au revoir ? Si la maladie conduit le parent au seuil de la mort, l'enfant, tout comme vous, va avoir besoin de mettre un point final à la relation avec lui, d'une façon ou d'une autre : cela passera, par exemple, par une dernière visite à l'hôpital ou par le partage d'une conversation que vous aurez eue avec le malade et où il vous aura demandé de dire adieu aux enfants. L'interdiction théorique posée dans les hôpitaux à la visite des moins de quinze ans ne doit pas être prise à la lettre dans ce cas-là. Le panneau est obligatoire, mais l'autorisation de venue de l'enfant auprès de son parent très malade ne pose pas de problème dans les services de soins palliatifs et elle est généralement obtenue sans difficulté dans les autres.

Quoi qu'il en soit, là commence un temps de grande douleur, et votre enfant va avoir besoin de vous. Le chemin de son deuil sera différent du vôtre et il faudra apprendre à l'accompagner, tout en vous occupant de votre propre peine.

Avec la mort d'un parent, une des pages les plus importantes de son existence s'écrit pour l'enfant. Les ramifications de ce qu'il vit aujourd'hui seront manifestes dans les multiples recoins de sa vie d'adulte. Autant alors que ses racines puisent dans un sol nourri de l'authenticité et de la sincérité des adultes qui se seront occupés de lui. Ce qui se joue aujourd'hui va constituer un capital de confiance pour l'avenir si tout se passe dans le respect de l'enfant : un capital d'acceptation de la mort comme une partie intégrante de la vie. Un témoignage qui lui donnera le courage d'aimer et de s'attacher, même s'il est en train d'apprendre que même les gens qu'il aime peuvent mourir un jour.

# CHAPITRE 5

# PRENDRE SOIN
# DE SOI

Quand on voyage en avion, on assiste toujours à la démonstration des consignes de sécurité. L'une d'entre elles concerne les masques à oxygène qui tombent automatiquement du plafonnier en cas de dépressurisation de la cabine. Si on est accompagné d'un jeune enfant, il nous est demandé de mettre **en premier lieu** notre masque et, **après seulement**, une fois assurée notre propre sécurité, d'aider l'enfant à mettre le sien. Si on pense d'abord à l'enfant, en s'oubliant soi-même, on risque un malaise lié au manque d'oxygène et l'enfant ne peut plus être aidé.

Il y a là un message très clair : **on ne peut aider efficacement autrui si on ne prend pas soin de soi, d'abord !** Il ne s'agit pas d'une attitude égoïste. C'est le simple respect d'une règle élémentaire qu'il est indispensable de suivre dans toute relation d'aide. Or on oublie trop souvent de l'appliquer. De fait, il est vrai que, sur une courte distance, il est possible de se mettre soi-même « entre parenthèses » afin de focaliser son attention sur le malade, mais, si cette aide s'inscrit dans la durée (des mois ou des années), on se rend compte très vite que l'oubli de soi est un piège insidieux : on pompe inlassablement sur sa batterie intérieure et on est étonné de se retrouver à plat après quelque temps. Ainsi, face au stress prolongé de la maladie grave, il nous est demandé de prendre soin de nous-même. Mais, s'occuper de soi, se ressourcer : qu'est-ce que cela signifie vraiment ?

Prendre soin de soi veut dire qu'on décide de prêter attention à toutes les dimensions qui constituent notre être. Nous avons un corps qu'il faut entretenir et préserver des excès de fatigue ; ce corps est habité par un esprit qui forge nos pensées et nos émotions et par une âme qui nous connecte à notre dimension spirituelle et à notre besoin de sens et d'absolu. Enfin, parce que nous ne sommes pas seuls au monde, la dimension relationnelle intervient dans le flux et le reflux incessants de nos interactions avec autrui.

Chaque niveau de nous-même doit être pris en compte, sans en négliger aucun, sous peine de créer en soi un déséquilibre qui, tôt ou tard, se fera sentir. Par exemple : se retrouver avec un grand malade, dans un isolement social important (niveau relationnel), va influer sur le moral (sensation d'abandon, vécu dépressif ou anxieux qui renvoient au niveau psychologique). Finalement, ce moral très bas va faire qu'on néglige son alimentation, aboutissant à des carences ou des aberrations alimentaires, source de fatigue. Parallèlement, le manque de sommeil renforce l'épuisement physique. Il faut tout faire pour ne pas tomber dans cette spirale qui, rappelons-le, s'installe de façon tellement progressive qu'on ne la voit pas venir.

## LE CORPS

Notre corps est ce précieux véhicule qui nous permet d'aller à l'hôpital, de porter notre malade, de le serrer dans nos bras. On compte sur lui et sur son endurance, mais il compte aussi sur nous ! On ne peut pas s'offrir le luxe de négliger ce puissant outil, car, si on le pousse à bout, il nous lâchera tôt ou tard, et, finalement, on deviendra totalement indisponible à la personne malade. Elle devra alors se débrouiller toute seule! Le corps a des besoins de base qu'il faut s'efforcer de satisfaire, même si on dispose de peu de temps.

## Le sommeil

Au risque d'enfoncer des portes ouvertes, je dois insister sur l'importance d'un **sommeil de qualité.** On ne peut pas tirer indéfiniment sur la corde. Il faut préserver un minimum de sommeil (dans de telles circonstances, je n'hésite pas à prescrire des somnifères aux accompagnants qui ne parviennent pas à dormir). Je sais bien que les circonstances de la maladie rendent difficile un sommeil apaisé : il est 4 heures du matin et on doit se lever pour la troisième fois, parce que le malade a besoin de quelque chose. On regarde le réveil et on sait qu'on doit être au travail à 8 heures 30 le lendemain.

Il semble parfois impossible de se reposer correctement. Il y a trop à faire! C'est là qu'il est indispensable de trouver des solutions pratiques en se faisant aider (nous y reviendrons plus loin dans ce chapitre).

## L'alimentation

L'alimentation joue également un rôle déterminant. La qualité et la quantité du « carburant » que l'on absorbe détermine le type d'énergie qu'on est capable de fournir. Trop souvent, parce qu'on est pressé, sur les nerfs ou trop angoissé, on mange n'importe quoi, n'importe quand, n'importe comment.

En période d'activité intense (ou de stress important), notre organisme a des besoins accrus en vitamines (C, A, E), en sels minéraux (magnésium, calcium), en protéines et en glucides lents (céréales, pâtes, riz, pour permettre des efforts prolongés).

• Il faut essayer de réduire les sucres rapides (sucre blanc, confiseries, nourriture de *fast food*) : ils ont un effet « dopant » sur l'instant, mais il est très bref. Ils induisent, une ou deux heures après, un sentiment de fatigue et d'abattement (dû à ce qu'on appelle l'hypoglycémie réactionnelle).

• On essaiera aussi de réduire les excitants (thé, café et autres médicaments psychostimulants) qui augmentent le niveau d'anxiété et perturbent les cycles de sommeil.

• Même si on n'a pas très faim, il faut s'astreindre à trois repas par jour, en sautant le moins de repas possible, car les jeûnes répétés épuisent rapidement l'organisme.

N'attendez pas d'être épuisé pour y remédier : il vaut mieux prévenir que guérir.

De même, si on prend habituellement un traitement médical ou si on doit suivre un régime particulier (diabète, cholestérol ou hypertension), il faut être très vigilant à ne pas négliger ses propres prescriptions !!! On a en effet vite fait de faire passer les traitements du malade avant les siens propres ! Or, en agissant ainsi, on se met en danger. On ne peut plus être utile au malade quand on est soi-même dans un lit d'hôpital !

## L'activité physique

Un **minimum** d'activité physique est également essentiel au bon équilibre de l'organisme. C'est un bon moyen de réguler le stress.

> « C'est la marche à pied qui m'aide à tenir, raconte cette jeune femme. Je m'astreins à marcher tous les jours en bord de mer. »
> Et cet homme : « La seule activité que je peux préserver, c'est une heure de natation, deux fois par

semaine. Il est indispensable de garder quelque chose pour soi. J'ai déjà arrêté la lecture, la musique et les sorties, parce que ça me demande trop de temps et d'énergie, mais je ne peux pas tout lâcher, cette heure de piscine me permet d'évacuer mon excédent de stress. »

Dans le meilleur des cas, on conseille une activité physique d'au moins trente minutes deux à trois fois par semaine (même la marche peut suffire). De même on peut gérer le stress par la relaxation ou les massages. Loin d'être une perte de temps, l'activité physique est au contraire un allié puissant pour apaiser le corps et l'esprit. Ce « temps perdu » sera finalement récupéré quand on devra, plus tard, puiser dans les réserves ainsi constituées.

## L'ESPRIT

Devant la vague déferlante des émotions qui s'abat sur soi au cours de la maladie grave, il est indispensable de prendre soin de soi au niveau psychologique.

### *Apprendre à reconnaître ses propres émotions*

Parce qu'on maîtrise mieux ce qu'on connaît, c'est la première étape. Identifier ses états d'âme et ses sentiments est en effet un moyen de prendre du recul. On sort ainsi de la confusion. La deuxième étape consiste à exprimer ce qu'on ressent auprès de personnes « disponibles » (il ne peut donc pas s'agir du malade !). Cela suppose évidemment qu'on accepte de sortir de son silence.

### *La colère, le ressentiment*

La maladie, par ce qu'elle représente et par ce qu'elle impose, véhicule de la violence. La colère est une riposte normale, en réaction à cette violence. Elle vient en réponse à l'agression qui est faite au malade et à nous-même. Le sentiment d'injustice, d'impuissance ou de frustration, confine souvent à une sourde rage qui imprègne les pensées. On cherche alors des exutoires à cette violence qui ronge de l'intérieur et tout devient prétexte à la laisser exploser.

Les cibles sont multiples. On blâme Dieu ou le Destin d'être aussi cruel et aveugle ; on vitupère contre un médecin ou contre une infirmière qui ne comprend rien à rien ; on en veut à l'impuissance de cette médecine arrogante qui ne parvient pas à guérir. On peut même éprouver une sorte de rancœur vis-à-vis de ceux qui vont bien, alors que la personne qu'on aime est malade. Elle n'a rien fait pour mériter cela. On leur en veut aussi d'être heureux et insouciants, alors qu'on ne l'est plus soi-même depuis déjà trop longtemps !

### Contre le malade

La cible de la colère est parfois le malade lui-même ! En secret, sans vraiment se l'avouer, on l'accuse d'être un peu responsable de cette catastrophe : pourquoi a-t-il tant fumé ? Pourquoi a-t-elle négligé son suivi gynécologique ? Pourquoi n'a-t-il pas pris de précautions, en mettant un préservatif ? Et, quand bien même il est évident qu'il n'a aucune responsabilité dans ce qui lui arrive, on peut lui en vouloir d'être malade ! En effet, *à cause de lui*, combien de projets avortent brutalement ? Que devient cette qualité de vie à laquelle on aspirait depuis si longtemps alors que, maintenant, la maladie dévaste tout ?

La sécurité et la stabilité qu'on s'était efforcé de construire s'effritent. Il ne reste que des visites à l'hôpital, la précarité, la peur, l'incertitude... Et la vie dans tout cela ? La « vraie » vie, où est-elle ???

Parfois, on a l'impression de s'être « fait avoir ». Cela nourrit un sentiment de révolte qu'on a du mal à contenir, même si on essaie de se dire que ce n'est pas la faute de cette personne!

Il y a le risque de tout mélanger. Quand on est à bout, il n'est pas évident de faire la distinction entre la maladie et la personne qu'on soigne : on les confond, on se trompe de cible pour exprimer sa violence. C'est bien la maladie qui nous « bouffe » la vie, pas ce malade qui s'en serait bien passé. Garder à l'esprit cette distinction est capital, car il n'y a rien de plus minant que de se laisser aller à la colère contre cette personne qu'on aime.

> « Je n'arrive pas à me pardonner de lui avoir hurlé dessus, raconte cette femme. C'était plus fort que moi, je savais qu'il avait beaucoup de mal à bouger, mais j'étais parfois tellement à cran que je perdais tout contrôle devant son inertie. Je me rappelle qu'à deux ou trois reprises, au cours de son bain, j'ai été à deux doigts de le frapper. »

À notre insu, cette rancœur peut aussi s'exprimer par des comportements agressifs inconscients, vis-à-vis du malade : par un service qu'on refuse de lui rendre, en invoquant des raisons douteuses, par des omissions, des « oublis » plus ou moins volontaires, ou encore, par des petites frustrations qu'on lui impose, l'air de rien. Autant de petits coups de canif, déguisés ou non, qui pourrissent la relation si on n'y prend pas garde.

La grande difficulté est de reconnaître (vis-à-vis de soi-même et du malade) la réalité de cette agressivité souterraine. En effet, même si cette mise à jour est pénible, on a tout à gagner à essayer de la mettre à plat. Tenter de nier la colère ou d'étouffer les frustrations ne sert à rien. Cela ne fait que les ancrer davantage au fond du cœur. Et si on laisse le ressentiment s'accumuler en silence, on se retrouve rapidement devant un obstacle de plus en plus infranchissable.

**Contre soi-même**

J'ai parfois reçu les confidences de personnes qui s'en voulaient d'avoir épousé ou choisi de partager la vie de gens qu'elles savaient pourtant malades. Progressivement, quand la maladie prend une ampleur envahissante, certains se demandent ce qui a bien pu les pousser à faire un tel choix, en toute connaissance de cause. Idéal de toute-puissance? Déni? Désir inconscient de réparer quelque chose (ou quelqu'un) du passé, via cette situation du présent? Répétition impulsive d'un schéma névrotique de relation d'aide? Autant de questions auxquelles seul un travail psychologique en profondeur pourrait tenter de répondre.

À un autre niveau, on retrouve une certaine colère contre soi-même, à ne pas pouvoir (ou à ne pas savoir) être à la hauteur de la tâche à accomplir. On se sent défaillant et certains disent se décevoir eux-mêmes. Certes, mais n'est-ce pas être trop dur ou trop intransigeant vis-à-vis de soi-même que d'en arriver à un tel jugement? C'est méconnaître les incontournables limites qu'impose le fait d'être un simple être humain. C'est aussi un appel à une authentique (et courageuse) humilité vis-à-vis de soi, une humilité qui invite à accueillir l'aide et le soutien qu'autrui se propose d'apporter.

On n'en sera pas moins digne en l'acceptant ; on n'en sera pas moins respectable.

## La culpabilité

La culpabilité est un sentiment qui, au cours de la maladie grave, peut jaillir de toutes parts.

• Elle découle en partie de la colère que nous venons de voir : culpabilité à éprouver de l'agressivité vis-à-vis de quelqu'un qui n'a jamais demandé à être malade. Colère et culpabilité à ne pas se montrer à la hauteur de la situation. Culpabilité encore de ne pas avoir su choisir les meilleurs médecins ou les meilleurs hôpitaux.

• Il arrive que la culpabilité provienne de l'**ambivalence** que l'on ressent vis-à-vis de la situation d'aide dans laquelle on se trouve plongé. Pour dire les choses clairement, on n'a pas toujours tellement envie de s'engager dans cette relation de soutien, surtout si la personne malade n'est pas un proche immédiat. On se rend compte qu'on ne veut pas faire grand-chose pour elle et on se sent coupable. On se pense égoïste à ne se préoccuper que de son petit confort personnel.

Notre attitude présente est très révélatrice de la nature de la relation avec cette personne malade, **avant qu'elle ne tombe malade** : notre comportement va refléter tout ce qui s'est passé entre nous, le positif comme le négatif, et notre (éventuelle) réticence met peut-être à jour des conflits ou des zones d'ombre qu'on avait préféré garder sous silence. Ainsi, il est possible que les vieilles tensions jamais résolues du passé réapparaissent, quand, par exemple, un enfant doit prendre en charge son parent malade. Si l'enfant ne comprend pas que cette situation réactive inconsciemment des conflits d'autrefois, il pourra se sentir coupable de ne pas vouloir aider de bon cœur son père ou sa mère. De même, certaines « guerres » conjugales se trouvent complètement étouffées sous les contraintes et les obligations de la maladie grave. Les combats semblent avoir soudain cessé et une dynamique d'aide paraît se mettre en place. Mais, en profondeur, c'est la guerre froide qui prend le relais, dans un pénible mélange de rancœur et de culpabilité qui mine tout l'accompagnement.

• Il arrive aussi qu'on se sente coupable vis-à-vis du malade, tout simplement parce qu'**on est en bonne santé**. On se sent coupable de vivre heureux, d'aller au cinéma, de faire du sport ou d'aller en vacances, de voir des amis ou de se faire du souci pour des problèmes tout à fait dérisoires. On est coupable parce que le malade ne peut plus faire tout cela. Du coup, on n'ose pas lui parler des joies et des plaisirs de notre vie, de peur que cela le blesse ou le déprime.

D'un côté, c'est vrai : le malade peut se sentir cloué dans son lit quand vous venez le voir, bronzé et en pleine forme après une semaine de sports d'hiver. D'un autre côté, certains patients affirment que cela leur fait beaucoup de bien d'avoir des nouvelles de la vie extérieure. Ils en ont assez qu'on ne leur parle que de leur maladie : entendre le récit de la vie d'autrui peut représenter une heureuse échappatoire à la lourdeur confinée de leur quotidien. Toute l'intelligence du visiteur est de pondérer ses propos, sans insister lourdement sur l'incroyable bonheur d'être bien portant.

Cette culpabilité à ne pas être soi-même malade est tellement dérangeante pour certains proches qu'ils éprouvent inconsciemment le besoin de se faire pardonner d'être en bonne santé. Cela conduit parfois à des attitudes d'abnégation « exemplaire » au cours de l'accompagnement, où le proche tente de « s'absoudre » du fait d'aller bien, en se sacrifiant corps et âme pour le malade.

> Par exemple : on se sent tellement coupable de partir trois semaines en vacances qu'on essaie de se faire « pardonner » en s'astreignant à passer tous les week-ends de juillet avec le malade, enfermé dans sa chambre, alors qu'on se languit de profiter du soleil ! La culpabilité s'apaise alors, car on paie par ce choix contraignant le fait de prendre du bon temps.

C'est d'ailleurs une forme de culpabilité avec laquelle la personne malade pourra éventuellement jouer. Il est possible en effet qu'elle ait perçu la culpabilité sous-jacente et qu'elle en vienne à manipuler, consciemment ou non, son proche coupable, en jouant sur la corde sensible : « Oui, c'est ça! Va t'amuser! Moi qui suis coincé dans mon lit! Je vais rester seul, mais enfin ce n'est pas grave, j'ai l'habitude. Allez, vas-y. » Et alors, furieux et coupable, on reste bloqué auprès d'elle, pris au piège de sa manipulation psychique!!!

• Il existe enfin une forme de culpabilité qui émerge davantage dans les stades avancés de la maladie grave, à un moment où le proche est le plus sollicité, physiquement et émotionnellement. Il n'en peut plus, il est épuisé et il se laisse séduire par le désir que tout s'arrête, que le combat cesse enfin, et que, oui, le malade meure. Ces idées effleureront immanquablement l'esprit de tout accompagnant soumis au stress terrible de la fin de vie. Ce sont des pensées compréhensibles et prévisibles dans un tel contexte. Elles font tellement partie du processus d'accompagnement, que la culpabilité qui en découle paraît souvent inévitable. Alors, si elles apparaissent, il est vain de vouloir les évacuer, pensant ainsi court-circuiter cette culpabilité. Elles ont, au contraire, besoin d'être entendues et partagées avec autrui, sans jugement ni condamnation. Ne sont-elles pas le reflet d'une insupportable réalité qu'on a alors besoin de partager, pour la rendre tolérable? Je vous invite à y revenir plus tard, quand nous parlerons de la fin de vie.

## La peur

La peur devient cette redoutable et fidèle compagne, dès l'annonce de la maladie. Le moindre événement, la moindre situation se charge potentiellement d'angoisse. On a peur de la vérité de cette maladie qu'on n'ose pas nommer. On a peur de dire, de parler, de se risquer aux émotions, peur de ce que l'on doit cacher ou révéler à la famille, aux amis, aux voisins. Il en découle la peur d'être traité différemment, peur de leurs attitudes à notre égard, peur de leur pitié, de leurs bavardages ou de leur envahissement.

Dès le début de la maladie, on a eu peur de ne pas avoir frappé à la bonne porte ou de ne pas pouvoir donner tout ce qu'on devrait donner. On est inquiet de ses limites, de ses erreurs ou de son ignorance. On a peur des traitements et de leurs effets secondaires, de la chirurgie et de ses séquelles, de la maladie elle-même, avec ses conséquences physiques ou psychologiques. On a d'ailleurs peur de trop espérer, de faire trop confiance et d'être déçu si la médecine échoue. On redoute peut-être, par-dessus tout, la mort de cette personne. On redoute de tout perdre, de ne plus l'aimer ou de ne plus en être aimé comme avant ; on a peur de la vie sans elle, s'il lui arrive malheur. On a peur de ne pas avoir assez de temps pour tout ce qui reste encore à partager.

Ainsi, comme le souligne Suzanne Hervier, psychologue à l'unité de soins palliatifs de Villejuif, « la peur est quasi permanente pour la famille d'un grand malade ». C'est *la* grande ennemie, celle qui isole, enferme la parole et ligote la pensée. Une voie d'apaisement est d'apprendre à identifier ses peurs, cela aide à les traverser. Elles demandent impérativement à être nommées et, là encore, partagées (même si l'interlocuteur n'a aucune réponse concrète à donner). C'est un moyen puissant de ne pas tomber sous leur emprise.

### Les émotions d'emprunt

Il arrive parfois qu'on perde la juste distance avec le malade.

Ainsi, on peut être amené à ressentir des émotions qui ne nous appartiennent pas en propre. Elles proviennent en fait de la personne malade ; mais celles-ci sont tellement intenses qu'elles « déteignent » sur les proches immédiats. En effet, on est toujours plus perméable psychiquement à ce que ressentent les personnes qu'on aime et, de là, on peut se laisser envahir inconsciemment par l'intensité de leur vécu émotionnel : on cède soudain à la panique, sans raison valable, ou on ressort de la chambre en étant extrêmement déprimé. En fait on ressent en soi la panique ou la dépression du malade. On se met inconsciemment en résonance avec ses états d'âme : il s'agit davantage d'un effet de mise au diapason que d'une réelle émotion propre à soi.

Il est important d'en prendre conscience car on entre sinon dans la confusion de ce que ressentent l'un et l'autre. « Faire corps » avec une peur ou avec une détresse qui ne nous appartient pas nous empêche d'avoir le recul nécessaire. Il faut se dissocier de cette émotion quand on parvient à repérer qu'elle appartient au malade. « Je ressens de la peur, mais est-ce vraiment ma peur ? Ne suis-je pas en train de réagir, sans le savoir, à ce que cette personne éprouve ? »

D'un autre côté, cette aptitude à « capter » l'autre peut nous donner accès à des informations précieuses le concernant : en repérant en soi le vécu émotionnel du malade, on peut l'aider à exprimer son propre ressenti. C'est ce qu'on appelle **l'empathie**. On lui renvoie en miroir ce qu'on ressent et on lui permet, éventuellement, d'entrer en contact avec un vécu intérieur dont il n'a pas conscience. En ayant un « retour » (un *feedback*) sur son ressenti, il est davantage en mesure de l'identifier, de le nommer et de le verbaliser, se libérant ainsi de la pression inconsciente que l'émotion non reconnue faisait peser sur lui. On peut lui dire, par exemple : « Je ressens en moi comme de la peur (ou de la tristesse, du désespoir, de la colère, etc.), j'ai l'impression que c'est un écho de ce que toi, tu ressens. Est-ce que c'est le cas ? Si oui, est-ce que tu souhaites qu'on en parle ensemble ? » C'est une façon de « s'utiliser » soi-même.

Cependant, on n'est pas cette personne et il faut être

très vigilant sur ce qu'on lui renvoie. En effet, il existe une très grande marge d'erreur dans le décodage de son propre ressenti et les interprétations qu'on en tire peuvent être fausses. Ainsi, il est absolument nécessaire de toujours vérifier si sa propre intuition est juste. Il ne faut pas s'en tenir à des suppositions non fondées, car on peut aisément se tromper et prêter au malade des émotions qu'il n'éprouve pas !

## LE *BURN OUT*

Au fil du temps qui passe, entraîné par le flot des émotions contradictoires et le stress incessant de la maladie grave, celui ou celle qui accompagne et prodigue les soins de chaque instant risque de se retrouver un jour dans une situation critique : « le burn out » Ce terme traduit **l'épuisement physique et psychique de toute personne impliquée dans une relation d'aide, au-delà de ses limites.** On utilise habituellement ce terme pour désigner l'épuisement professionnel des soignants, mais il semble légitime de l'appliquer au proche qui accompagne le malade, compte tenu de son investissement.

Mois après mois, on tire toujours un peu plus sur la corde, sans s'accorder le moindre repos ni la plus petite attention. On oublie ses besoins et ses limites au profit du malade. « Moi, ça ne compte pas, se dit-on. C'est lui, ou c'est elle, qui importe. J'aurai tout le temps de me reposer plus tard. » Pour le malade, on renonce au sommeil, au repos, à une alimentation équilibrée. On se donne sans compter. On abandonne ses centres d'intérêt, ses temps de lecture ou de loisirs. On devient un véritable standard téléphonique, en se contraignant à faire à tous ceux qui appellent le compte rendu détaillé de la situation. On ne prend plus le temps d'aller marcher dans la nature ni de se recueillir dans un endroit calme ou sacré. On s'oublie totalement, lentement, noyé dans l'urgence de la maladie grave.

Mais cela ne peut durer longtemps, car le *burn out* vient mettre un point d'arrêt à ce déploiement d'efforts et d'énergie. On se retrouve brutalement vidé de toutes ses forces.

## Quelles sont les manifestations du burn out ?

Le *burn out* ressemble un peu à la dépression.
• Sommeil perturbé.
• Incapacité à se reposer, impression d'être toujours fatigué et cela dès le matin.
• Perte d'appétit avec parfois perte de poids.
• Nervosité croissante, irritabilité, intolérance aux contrariétés, perte de patience.
• Tristesse marquée, avec perte d'entrain et d'intérêt pour tout ce qui faisait plaisir antérieurement, vision négative de l'avenir, perte d'enthousiasme, baisse de la libido.
• Impression d'être incapable de fournir le plus petit effort supplémentaire pour le malade.
• Doute important sur le sens de ce que l'on fait pour lui et sur l'efficacité de l'aide qu'on lui apporte.

Dans le *burn out*, on se sent désillusionné, triste, fatigué, amer et même parfois rempli de rancœur ou d'agressivité à l'encontre de cette personne malade qui nous « bouffe la vie ». Le *burn out* entraîne la perte du désir et détruit la capacité à aider.

## Il révèle toujours une négligence de soi

Il faut faire très attention : il s'installe à notre insu. On ne le voit pas venir. Mais une fois présent, il constitue un signal qu'il est indispensable de prendre en considération. Sinon, il est fort possible qu'on développe des stratégies **inconscientes,** visant à nous mettre à distance du malade : on tombe malade, par exemple, et on ne peut plus alors prendre soin de lui, ou on se déclenche un accident qui nous met temporairement hors course.

Il est inutile d'en arriver là! Quand le *burn out* se manifeste, cela veut dire que notre corps et notre esprit demandent du repos. **Ils exigent une mise à distance (transitoire) par rapport à cette relation d'aide où on est en train de se perdre.**

Il faut impérativement s'accorder une pause et **solliciter de l'aide.** On a besoin de temps pour soi. Le *burn out* est le signe qu'on a trop donné. On s'est déconnecté de soi-même, de son corps, de sa vie intérieure, de ses amis et de tout ce qui ressource. Il est temps d'y revenir.

On est devenu totalement inefficace : **le malade a besoin que nous nous occupions de nous, afin que nous puissions à nouveau nous occuper de lui. Ce n'est pas une preuve d'amour que de s'épuiser pour lui !** L'amour qu'on lui porte passe impérativement par le respect de nous-même. Il faut savoir prendre un peu de distance. Cela ne signifie pas qu'on abandonne la personne malade. Aller chercher un second souffle ailleurs ne nie pas ni ne contredit l'amour ou l'amitié qu'on éprouve pour elle. « Il faut se faire violence pour s'éloigner un peu et se ressourcer », conseille cette jeune femme qui soigne son mari, « sinon, on risque de craquer et on ne sert plus à rien! »

Le malade n'a pas besoin de voir auprès de lui quelqu'un qui s'épuise, le regard vide et fatigué, et qui se voue à lui corps et âme. Il peut se sentir coupable d'être responsable d'un tel état chez ceux qu'il aime. Il en vient alors à se reprocher d'être un aussi lourd fardeau pour son entourage : finalement, on se retrouve avec un malade coupable, n'osant plus rien demander, et un accompagnant aigri, énervé et incapable d'apporter une présence de qualité. On ne peut plus se parler et chacun s'enferme dans le silence et la solitude. Piètre résultat, n'est-ce pas ?

## *Comment éviter une telle situation ?*

Éviter le *burn out* est avant tout un état d'esprit où on refuse de se négliger soi-même. C'est une attitude de respect de soi. Et en se respectant soi-même, on enseigne implicitement au malade à se respecter lui-même. Quand il voit que ses proches prennent soin d'eux-mêmes, il est plus enclin, d'une part à respecter cela, et d'autre part, à se comporter de la même façon avec lui-même.

Comme on l'a vu plus haut, il faut être très ferme sur la qualité de son repos et de son alimentation. Il est indispensable de se ménager des temps pour soi : promenades, sport, lecture, musique, danse, dessin, chant, méditation, etc. Bien sûr, tout cela s'arrête pendant les périodes de crise de la maladie, mais comme la maladie comporte aussi des moments d'accalmie, il est important d'en tirer profit en faisant ce qui nous fait du bien. **Se donner du temps pour soi** est une véritable discipline que l'on doit s'imposer dès le début.

### Savoir s'organiser

Quand on écoute attentivement les personnes qui s'occupent d'un grand malade, il ressort qu'une des clés pour mener au mieux cette tâche est de **s'organiser soigneusement**.

Chacun a sa méthode : certains font des listes de choses à accomplir et les ordonnent hiérarchiquement, en fonction des priorités (et je le rappelle, du temps pour soi en est une !) ; d'autres établissent un emploi du temps sur la journée ou la semaine, pour planifier les rendez-vous médicaux, les visites hospitalières et les indispensables moments de loisirs.

Il est important de ne pas trop serrer son planning, afin de laisser de la place à une urgence ou à un contretemps : par exemple une ambulance met deux heures à venir alors qu'on l'attendait dans le quart d'heure! En effet, la **flexibilité** est la valeur maîtresse. La situation présente est intrinsèquement instable et sujette à de multiples variations. Une organisation trop rigide, qui ne tient pas compte des imprévus, peut devenir contre-productive : elle génère alors plus de stress que de bénéfices, car on essaie, coûte que coûte, de coller à un emploi du temps largement dépassé!

Les détails incontournables de la vie quotidienne (les courses, le ménage, les repas) sont les plus grands consommateurs de temps et d'énergie : c'est sur eux qu'il faut focaliser les stratégies d'organisation. Dès le début de la maladie, on essaiera de trouver des solutions durables et fonctionnelles, une bonne fois pour toutes (faire les courses de la semaine en une seule fois, préparer les repas de la semaine et les congeler, se renseigner pour les livraisons à domicile dans les grandes surfaces).

Il existe également des aides extérieures, comme les travailleuses familiales ou les aides ménagères qui assurent les courses et le ménage. (Il faut se renseigner auprès de sa caisse d'allocations familiales ou de l'assistante sociale du service hospitalier.) Des solutions pratiques existent. Une fois ces problèmes d'intendance réglés, on a d'autant plus de temps pour soi et pour s'occuper de son malade.

Organiser correctement son temps est indispensable : prenez l'exemple d'une batterie. Si on ne la branche que cinq minutes tous les jours, on ne parviendra pas à la recharger complètement. Le temps de se ressourcer, de recharger la batterie est certes quotidien, mais il est trop bref. Si, au contraire, on la laisse branchée plusieurs heures d'affilée, elle se recharge pleinement. Cela s'applique aussi à nous : quelques petites heures de repos grappillées çà et là sont peu efficaces pour nous « recharger » de façon satisfaisante. En revanche, deux à trois jours de suite offrent la possibilité d'un répit salutaire, tant physique que psychique. Mais cela demande un minimum d'organisation et de planification. Par exemple, des amis ou des membres de la famille peuvent prendre le relais pendant un long week-end où on s'absente « pour souffler ». On se sent moins coupable et moins angoissé si on sait que le malade est entre de bonnes mains.

## Se faire aider

Cela met en évidence un aspect capital de la relation d'aide : accepter de se faire aider.

> « Au début de la maladie, raconte le compagnon d'un homme touché par le Sida, je refusais catégoriquement que quelqu'un d'autre prenne ma place. Je voulais tout faire moi-même, tout ordonner, tout gérer, tout contrôler. Je ne voulais être redevable à personne. Ce n'est pas dans mon caractère. Je ne voulais rien devoir à qui que ce soit. »
>
> Et puis cette femme : « J'étais persuadée à l'époque que je pouvais tout faire moi-même. Je me disais que je connaissais mon frère mieux que quiconque et que personne ne saurait exactement s'occuper de lui aussi bien que moi. Mais il faut reconnaître aussi que je n'osais pas demander de l'aide. Je n'ai jamais su faire ça. J'aurais eu l'impression de ne pas être à la hauteur si j'avais demandé qu'on m'aide un peu. C'est stupide, mais j'avais un peu honte de demander et je m'en sentais un peu coupable. »

Et pourquoi arriver à cet état de délabrement que décrit cette autre femme, accompagnante attentive, mais exclusive, de son époux malade ?

> « Je ne mangeais plus, je ne dormais plus, je ne comptais plus du tout. L'objectif était clair pour moi : le faire

vivre, coûte que coûte. Je tentais de tout prendre à la légère avec autrui, en affichant une belle assurance pour leur faire croire que j'assurais, mais, à l'intérieur, c'était un véritable désastre. Je ne parlais plus à personne. Je pensais que, si je parlais, je risquais de perdre mes forces et de ne plus en avoir assez pour lui. Je faisais obstacle à la sollicitude d'autrui, en disant que tout allait bien, que je tenais le coup et que je n'avais besoin de rien. Je vivais tout le temps dans la solitude et la peur, il y avait toujours la panique derrière le rire. »

Cloîtrée dans le silence, cette femme perdit vingt kilos durant la maladie de son mari et, un an et demi plus tard, en s'enfermant encore plus dans le non-dit des émotions de son deuil, elle développa un cancer du sein.

Oui, il arrive un temps où on a tout donné. On s'est tant oublié à vouloir toujours se débrouiller tout seul qu'on se retrouve au bout du rouleau. Quels que soient le type et l'évolution de la maladie, on parvient à un point où il est presque vital de faire appel à autrui pour préserver sa santé physique et psychique. Au premier temps de la maladie, on avait remarqué avec plaisir (ou étonnement) combien les gens étaient touchés et prêts à apporter de l'aide, tant au niveau pratique qu'émotionnel. Mais, avec le temps, avec la réelle usure des hospitalisations, des traitements ou des rémissions, beaucoup ont pu se fatiguer et ont « remis à plus tard » l'aide qu'ils s'étaient empressés de promettre, initialement. Certains vont rester, d'autres vont s'éloigner, alléguant les affaires de leurs propres existences. Mais que faire de ceux qui restent, de ceux qui continuent à donner, à proposer et qui sont à l'affût du moindre geste qui pourrait aider?

On peut avancer toutes sortes de raisons pour ne pas demander de l'aide à autrui : on est sincèrement persuadé de pouvoir se débrouiller seul ; c'est le cas notamment au début de la maladie, quand on se sent chargé d'une énergie inépuisable et investi d'une mission. On n'imagine pas avoir besoin d'autrui, on n'a pas besoin d'être épaulé. On se sent (et on est) fort ; on veut se battre. C'est parfois une question d'amour-propre : on pense que l'estime de soi serait altérée si on demandait de l'aide. On veut aussi donner, par notre présence auprès de la personne malade, une preuve d'amour ou d'amitié et on ne veut pas qu'autrui interfère. On craint parfois que solliciter de l'aide ne traduise une prise de distance par rapport au malade ou un abandon partiel, voire une trahison, et on s'y refuse. Ou encore, on a honte de demander du soutien parce qu'on pense qu'on ne le mérite pas ou parce qu'on ne nous a jamais appris à le faire. On craint aussi d'être jugé si on se montre vulnérable et incapable de tout gérer seul. On vivrait cela comme un échec personnel. Au pire, on peut refuser de l'aide dans une insidieuse (et inconsciente) tentation de l'ego à se poser en héros ou en victime. En effet, il peut être gratifiant d'être perçu seul avec une personne malade, face aux forces d'un destin implacable. On peut se sentir grandi et flatté par l'admiration que suscitent cette abnégation et ce sacrifice.

Attention : il est faux d'affirmer que toute personne s'occupant de quelqu'un de gravement malade ressente cela, mais il faut néanmoins être vigilant et lucide vis-à-vis de soi-même et de ses motivations, car cette dérive psychologique du rôle d'accompagnement existe et elle peut se manifester à toutes les étapes de la maladie. Alors, prudence !

### Accepter de l'aide

Il est capital d'apprendre à s'entourer durant la maladie grave de quelqu'un qu'on aime. Il est capital d'apprendre à demander à être aidé, même si, initialement, on ne le souhaite pas.

« C'est mon compagnon qui a compris le premier que je me laissais envahir par sa maladie. De son propre chef, il a décidé de solliciter de l'aide à l'extérieur de notre couple. Au début, j'ai eu l'impression d'être exclue et de ne pas être reconnue dans tous les efforts que je déployais pour lui. Puis j'ai progressivement compris, et finalement je l'ai accepté, que je ne pouvais pas tout faire et qu'autrui pouvait lui apporter des choses que je ne savais pas lui donner. Au bout du compte, ça a été un soulagement. Cela m'a enlevé la pression de devoir être "parfaite" et notre relation s'est en fait améliorée, car j'étais moins anxieuse. »

« J'ai rapidement accepté de me faire aider dans la maladie de ma mère. Cela devenait impossible de faire face toute seule. Il a fallu que je puisse vaincre la fierté et peut-être l'orgueil de me dire : "Je peux tout faire seule ; je n'ai besoin de personne." Je réalise seulement maintenant que j'aurais dû demander beaucoup plus d'aide que je ne l'ai fait. C'est clair que je me suis moi-même privée d'un soutien indispensable. **J'ai compris qu'il faut apprendre à demander. Il faut apprendre à être simple !** »

En écoutant les récits de personnes ayant vécu la maladie d'un proche, on remarque que leur expérience les conduit immanquablement à conseiller de se faire aider, au plus vite, par l'entourage familial ou amical.

« Si j'avais un conseil à donner, explique cet homme, ce serait **d'être le plus concret et le plus spécifique possible, sur l'aide dont on a besoin**, à un moment donné. Parfois, les gens ont envie d'aider, mais ils ne savent pas quoi faire pour être utiles et, dans le doute, ils proposent des aides inappropriées. Je crois qu'il ne faut pas hésiter à demander des choses précises, comme aller chercher un document à la Sécurité sociale (parce qu'on n'a pas le temps) ou préparer le repas des enfants (parce

qu'on va rentrer tard de l'hôpital). Il faut aussi demander des services aux gens **en fonction de leurs talents.**
On ne peut pas demander tout, à tout le monde. On ne
peut pas attendre la même chose de chacun. C'est important à savoir, parce que, sinon, on risque d'être déçu. Si
on évalue ce que chacun est capable de donner raison-
nablement en fonction de ce qu'il sait bien faire, on est
alors plus sûr d'avoir une réponse favorable à la
demande qu'on ose lui faire. Je conseille même de
demander peu, à beaucoup de monde. Comme ça, personne ne s'épuise et chacun reste disponible sur le long
cours. »

Et il continue ainsi : « J'aurais dû comprendre plus
tôt qu'autrui tire vraiment quelque chose du fait d'être
sollicité pour son aide. Des gens m'ont dit après le
décès de mon ami : "Merci à toi, merci à Barry, de nous
avoir permis de nous sentir utiles, de nous avoir fait
sortir de nous-mêmes, de nous avoir permis de nous
découvrir." »

**« J'ai découvert que demander de l'aide à autrui,
c'est aussi lui rendre service dans sa vie ! C'est lui montrer qu'il compte, qu'il peut être important et qu'il peut
faire la différence. Il peut découvrir qu'il est capable
de faire plus qu'il ne le croyait, d'écouter peut-être
plus, ou d'être plus généreux qu'il ne croyait l'être ! »**

C'est vrai qu'on peut parfois trouver du plaisir, ou
même un réel bonheur, à s'occuper de cette personne,
parce que c'est une façon de lui montrer combien elle
compte pour nous. Si c'est le cas, ouvrons-nous à ce
plaisir, au lieu de nous culpabiliser d'être heureux
quand l'autre souffre ; abandonnons-nous à ce bonheur
fugace ; jouissons-en pleinement, car c'est une réserve
intérieure que nous nous constituons pour les temps
difficiles. Et surtout, n'hésitons pas à partager ce bonheur avec la personne malade. Disons-lui que nous
sommes heureux(se) de faire quelque chose pour elle

et que c'est important pour nous. C'est très gratifiant pour elle. **Elle a besoin d'entendre et de savoir qu'elle ne nous apporte pas que du malheur !**

### Quelles autres aides solliciter ?

Il y a l'aide que l'on s'apporte à soi-même et l'aide qui est disponible à l'extérieur. Cependant, tout comme le fait de s'occuper de soi relève d'une véritable décision personnelle, de même, obtenir l'aide dont on a besoin implique qu'on **décide d'aller la chercher.** Ce point est important, car on s'imagine trop souvent que les gens dont on a besoin vont venir spontanément frapper à notre porte, en nous fournissant tout ce qui nous est nécessaire, sans qu'on ait à entreprendre la moindre démarche. La réalité est tout autre.

En effet, l'aide qu'on obtiendra **devra être activement demandée par nous-même !** Trop souvent, on tient jusqu'à ce que la situation soit tellement dégradée qu'on est **obligé** de demander de l'aide (le plus souvent dans l'urgence et donc de façon précipitée et souvent inappropriée). Cela révèle une attitude passive où on attend de réagir aux situations de crise, sans les anticiper et sans chercher à les prévenir, avec, pour résultat, l'impression d'être le jouet impuissant des événements.

Une autre disposition d'esprit, dite *proactive*, vise à éviter cela. Cela nécessite un minimum d'effort d'organisation et de coordination entre les différentes personnes (partenaires familiaux, amicaux, médicaux, sociaux, etc.). L'attitude *proactive* n'attend pas passivement : on fait en sorte que les choses se passent ! Prenons l'exemple des associations : pour bon nombre de maladies graves, il existe des associations vouées à la pathologie qui touche la personne dont on s'occupe : Ligue pour le cancer, AIDES, Sol En Si, France Alzheimer, etc. (voir les coordonnées dans l'annexe, en fin d'ouvrage). Même si ces associations existent, cela ne veut pas nécessairement dire qu'on y accède facilement (malheureusement). De plus, il n'est pas toujours évident de savoir qu'elles existent.

**Il ne faut jamais attendre que l'information vienne à vous spontanément.** Il faut écrire, téléphoner, se déplacer pour prendre rendez-vous. On peut vraiment éviter de se dire « je ne savais pas, on ne m'a rien dit », quand on apprend après coup que tel ou tel service, essentiel pour le malade, existait. On peut devenir **acteur de sa vie et non victime.** Je sais bien que cela demande encore du temps et de l'énergie, alors qu'on a déjà tant à faire et à penser, mais c'est un effort qui porte ses fruits au-delà de ce que l'on peut espérer. N'hésitez pas ! N'attendez pas l'urgence avant d'agir et de chercher ce qui vous convient dans les structures existantes.

Les sources de renseignements sont multiples : les médecins traitants, le service social de l'hôpital ou de la mairie, la maison des associations à Paris (qui centralise toutes les associations), le Minitel, etc. Utilisez vos amis, vos connaissances, l'entourage professionnel, les commerçants de votre quartier.

Soyez vigilant et demandez encore et encore, vous aurez toutes les chances de trouver ce qui convient le mieux à votre malade.

### Se faire aider psychologiquement
Les témoignages sont éloquents pour faire entrevoir ce que l'on peut tirer d'un accompagnement psychologique quand on est très impliqué dans la maladie grave de quelqu'un qu'on aime.

> Cette jeune mère raconte : « Quand mon petit garçon est tombé malade, je ne comprenais pas l'intérêt de "m'occuper de moi". C'est ce que les infirmières me disaient tout le temps, mais je n'en voyais pas le sens. Quand l'une d'entre elles m'a parlé d'une aide psycho-

logique, je l'ai vraiment très mal pris : je pensais qu'on me prenait pour une folle et qu'on ne me jugeait pas à la hauteur de la situation ! J'étais furieuse et très méfiante vis-à-vis de cette femme qui m'avait conseillé cela. C'est mon mari qui a finalement accepté de rencontrer la psychologue du service de pédiatrie. Au début, il ne m'en a pas parlé et puis il a insisté pour que je la voie à mon tour.

« Aujourd'hui je dois reconnaître qu'il a eu raison de me forcer un peu la main. Ces entretiens avec la psy m'ont énormément aidée et je me suis rapidement rendue compte que l'aide que je recevais avait une incidence directe sur la façon de me comporter avec Nicolas, et c'est ça, en fait, qui m'a convaincue du bien-fondé de cette démarche. »

Une femme, s'occupant de sa mère souffrant de la maladie d'Alzheimer, raconte : « J'ai adhéré à l'Association des auxiliaires de vie qui s'occupait de ma mère, ainsi qu'à France Alzheimer. Ils m'ont proposé des séances d'information et des conférences, ainsi que des entretiens individuels et un groupe d'accompagnement des familles, une fois par mois, animé par une psychologue. Cela m'a permis de réfléchir sur mon vécu avec la maladie, sur ma colère et ma culpabilité. J'ai beaucoup retiré de l'expérience des autres personnes. Je me suis rendu compte qu'on était tous différents, mais qu'on vivait un peu la même chose ou qu'il y avait des similitudes. On parvient même à rire devant l'absurdité de certaines situations ! »

... Et enfin, le témoignage de cet homme dont l'épouse souffre d'un cancer de l'utérus : « J'ai vu un psychologue, dès le début de la maladie de ma femme. Je voulais comprendre ses réactions et aussi les miennes. Cela m'a aidé à faire le point sur ce qui se passait en moi et sur ce qu'elle vivait. Cela m'a permis de prendre le recul nécessaire pour l'aider plus efficacement. »

Il est important de savoir que, dans beaucoup de services hospitaliers lourds, il existe des psychologues à la disposition des familles. Il ne faut pas hésiter à les consulter. Cela ne veut pas dire qu'on s'embarque pour autant pour des mois de psychothérapie : parfois, une seule consultation permet de dire ce qu'on ne peut pas dire ailleurs, ou bien elle peut suffire à résoudre une situation conflictuelle.

Néanmoins, il serait faux d'affirmer qu'une aide psychologique par un professionnel est indispensable dans tous les cas. On trouve très souvent dans son entourage des personnes suffisamment à l'écoute pour ne pas avoir recours à un psy. Car, finalement « s'aider psychologiquement » revient à partager avec une autre personne ce qu'on éprouve et ce qu'on ressent. Cela veut dire qu'on prend le temps de regarder ses émotions et ses sentiments.

Une des objections qu'on entend souvent sur le fait de parler de son ressenti est que « ça ne sert à rien » ou que c'est « nombriliste » ou encore « on ne fait que se lamenter sur son propre sort ». Ces objections sont particulièrement vives de la part des hommes qui, culturellement, ne sont pas enclins à montrer leurs émotions, alors que les femmes, dans un même contexte, s'autorisent à les manifester beaucoup plus.

Cependant, parler avec autrui de ce que l'on vit intérieurement n'est pas une démarche égocentrique : on parle de soi, certes, mais cela a un impact sur la façon dont on s'occupe du malade. En effet, si on a pu se « vider » auprès de quelqu'un qui sait écouter, on revient auprès du malade, plus calme, plus serein, et moins parasité par le tumulte des émotions. On est donc plus disponible pour recevoir ses émotions et ses états d'âme. De plus, parler est « une soupape de sécurité », car on a tendance à dissimuler beaucoup de choses devant la personne malade. On ravale tant de paroles, tant d'émotions, tant de larmes, qu'on a besoin, de temps à autre, d'évacuer tout cela pour diminuer notre pression intérieure. N'a-t-on jamais remarqué que parler à quelqu'un d'un sentiment trop pesant permet d'en réduire l'intensité ? Les pensées cessent de tourner en circuit fermé ; elles trouvent dans la parole une porte de sortie.

Parler à autrui permet aussi de construire et de clarifier la pensée : quand on met des mots sur ce qu'on ressent, on avance dans la compréhension de ce que l'on vit. D'ailleurs, il est prouvé que le fait de parler réduit le stress et la dépression, **même si rien n'est résolu concrètement**. Enfin, parler à cœur ouvert avec quelqu'un apporte un sentiment de sécurité psychique. On se connecte au monde des humains, un monde dont on a parfois tellement l'impression d'être exclu. Parler aide à diminuer ce terrible sentiment de solitude qui assaille parfois, lorsque, presque vingt-quatre heures sur vingt-quatre, on s'occupe d'une personne exclusivement centrée sur elle-même à cause de sa maladie. On a besoin de s'entendre dire qu'on a le droit de ressentir ce qu'on ressent. On a le droit de dire qu'on est fatigué, en colère ou découragé. On a besoin de pouvoir dire qu'on en a assez de la maladie et qu'on a parfois envie que tout finisse au plus vite.

**CHAPITRE 6**

# SI UN JOUR
# LA GUÉRISON
# SURVIENT

À errer dans le brouillard de l'incertitude, il arrive parfois qu'un point lumineux perce l'obscurité. On ose à peine y croire, mais l'évidence s'impose toujours davantage au fil des examens médicaux : on parle de guérison, de rémission définitive ou, du moins, de maladie désormais sous contrôle. On accueille la nouvelle avec circonspection, presque avec crainte, de peur d'être à nouveau déçu. Et pourtant, cet instant qu'on avait tant espéré est bien là.

Alors, ça y est, tout est terminé ? On s'attend alors à voir cette personne dont on s'occupe exulter de bonheur, et pourtant, en dépit du fait qu'elle est heureuse et soulagée, elle ne semble pas toujours partager la même joie que son entourage. Comment cela est-il possible ? Que se passe-t-il en elle ? Alors qu'elle devrait crier sa victoire, elle paraît réservée, parfois même un peu sonnée par cette nouvelle, comme sous le choc.

C'est comme un soldat qui rentre chez lui. La guerre ne s'arrête pas avec la fin des combats. Elle continue pour un temps à l'intérieur de lui-même. Il reste encore longtemps assailli d'images et de pensées qui le ramènent en arrière. Il ne peut revenir, du jour au lendemain, à une vie « normale ». Il a trop perdu de batailles, trop perdu d'illusions, pour faire « comme si de rien n'était ».

La personne aujourd'hui guérie revient elle aussi du combat. Elle a lutté, jour après jour, contre la maladie et il y a des traumatismes qui ne s'éradiquent pas aussi facilement. Non, elle ne saute pas de joie ; non, elle ne reprend pas immédiatement le cours de la vie avec enthousiasme et détermination. Cela viendra plus tard, après un temps d'adaptation et de réajustement.

## LES DÉGÂTS PSYCHIQUES DE LA MALADIE

On ne laisse pas tomber ses rêves et ses espoirs, sans que certains ne se brisent définitivement : il peut être difficile, ou impossible parfois, de recoller les morceaux.

### Les renoncements

Depuis le début de sa maladie, le malade a été contraint à de nombreux deuils et à de multiples renoncements !

Il y a aussi des chemins de vie qu'on n'emprunte qu'une seule fois, sans aucune possibilité de retour en arrière. Qu'en est-il alors des projets avortés et dont l'occasion ne se représentera plus ? Où sont parties ces années de jeunesse, avalées par l'implacable nécessité hospitalière ? Où est ce temps perdu ? Qu'est devenue l'espérance d'une retraite paisible, après une vie de labeur, quand il a fallu pendant quatre ans se battre sans répit ? Comment accepter qu'à 30 ans, on ne puisse plus avoir d'enfant, car la chirurgie et les rayons ont détruit à tout jamais les moyens de concevoir ?

Les séquelles parleront très longtemps de la maladie et elles seront un rappel constant de ce qu'on voudrait tant oublier, sans jamais le pouvoir.

### Les changements de priorités

Cet homme, bourreau de travail et collaborateur aux dents longues, échappe de justesse à un cancer O.R.L.

Au sortir de l'enfer de la maladie, c'est un individu profondément remanié dans ses valeurs qui se présente désormais à autrui. Un autre regard sur la souffrance, une mise en contact avec sa propre vulnérabilité et la prise de conscience de l'amour de ceux qui l'entourent induisent d'eux-mêmes un changement radical de sa vision du monde : ce qui comptait au plus haut point revêt parfois moins d'importance et ce qui apparaissait secondaire trouve une nouvelle place en tête de ses objectifs de vie. Car la façon d'aborder la vie et le sens qu'on donne à ses actes ne peuvent pas ressortir indemnes de la confrontation avec la maladie grave.

Chacun doit trouver pour lui-même à quel niveau il est possible de se resituer. Mais, quelles que soient les valeurs d'autrefois, il est évident que certaines d'entre elles seront suffisamment modifiées, ou remises en question, pour que cette personne nouvellement guérie apparaisse différente de ce qu'elle était auparavant. Cela ne se fait pas du jour au lendemain : ces changements s'opèrent de façon graduelle et subtile. Ainsi, les relations avec les collègues de travail, la famille, les amis peuvent prendre un autre cours. Une réflexion sur le sens de la vie peut émerger, même chez quelqu'un qui ne s'en était jamais préoccupé auparavant.

L'entourage ressent aussi les effets de ces mutations intérieures et c'est aussi par ses changements d'attitudes et de perceptions que cette personne guérie va sembler « autre ».

## Des rôles différents

La maladie grave a remanié les relations interpersonnelles et les rôles de chacun au sein de la famille. Alors, que se passe-t-il, maintenant que la menace est levée ? Peut-on revenir au fonctionnement et aux rôles d'autrefois ? C'est parfois possible, mais, très souvent, l'impact de la maladie sur la famille a été tellement puissant que cela rend illusoire un retour en arrière, à l'identique. Là encore, tout est possible : le meilleur comme le pire !

> « J'avais déjà enterré mon père, avoue, avec gêne, une jeune femme ; maintenant qu'il est guéri, je n'arrive plus à me comporter normalement avec lui. C'est comme s'il avait perdu sa place dans la famille. J'ai du mal à le prendre en compte dans mes projets, parce qu'il en a été tellement exclu pendant deux ans. »
>
> Une mère raconte qu'elle ne voit plus son fils d'un même œil. Il a guéri d'un cancer du testicule mais, même s'il est aujourd'hui hors de danger, elle garde avec lui une attitude surprotectrice et angoissée. Lui a l'impression de redevenir le petit garçon du passé qu'il faut protéger à tout prix. La mère continue à interférer dans sa vie de couple, comme elle en avait pris l'habitude pendant la maladie : en effet, l'épouse de cet homme travaillait et la mère s'occupait de l'intendance de la maison. S'étant habituée à ce rôle, cette dernière a aujourd'hui beaucoup de difficultés à se départir de ce rôle valorisant.

Ainsi, compte tenu du remaniement des fonctions et des rôles que la maladie impose, la personne guérie va devoir redéfinir sa place dans son réseau relationnel. Elle aura parfois beaucoup de mal à être perçue par autrui autrement que malade. Elle a besoin de temps (et d'efforts) pour s'adapter à une nouvelle dynamique relationnelle. Elle doit, par ailleurs, revendiquer ses rôles anciens dont la maladie l'avait spoliée et qu'autrui n'est pas toujours enclin à lui restituer, une fois la guérison acquise.

## L'épuisement

Quand on a une grippe qui dure une semaine, on est ensuite à plat pendant deux à trois semaines. Imaginez alors l'état du convalescent après une ou deux années d'hospitalisations successives, avec des traitements très lourds : le temps de retour à une vie « normale » est en conséquence !

Le malade lutte depuis des mois contre un mal qui menaçait de le tuer. Il a investi toute son énergie dans ce combat et s'est battu en même temps sur tous les fronts : la maladie, les effets secondaires des médicaments et les remous psychologiques ; et il est fatigué. Maintenant que tout est terminé et qu'il est guéri et hors de danger, il ne lui reste plus d'énergie pour « repartir ». Il a tellement donné qu'il a utilisé toutes ses réserves. D'où un manque d'entrain et de force vitale.

D'où également, parfois, **le regret paradoxal de cette guérison qui impose de devoir maintenant investir de l'énergie pour recommencer à vivre**. C'est aussi pour cela qu'il ne saute pas de joie, car il se demande où il va pouvoir trouver le ressort qui lui permettra de revivre. Il est un peu (ou beaucoup) perdu.

N'oublions jamais qu'il a été un jour à deux doigts d'accepter sa mort, et on lui demande aujourd'hui de réembrasser la vie sans transition. Cela ne se fait jamais facilement !

Il doit aussi se confronter au « reliquat » de ses défenses psychiques. Dès le début de la maladie, il dû développer des mécanismes de protection visant à le protéger psychologiquement de la violence de son mal. Certains sont devenus des sortes de « réflexes de survie » qui persistent inconsciemment au-delà de la guérison et il est parfois difficile de s'en débarrasser.

Par exemple, s'il a appris à ne plus faire de projets pour se protéger de la déception de ne pas pouvoir les mener à terme, il est possible que cette attitude persiste et que, après la guérison, il ait du mal à se projeter à nouveau dans l'avenir. Il a désamorcé sa « machine à espérer et à investir » et il est ardu de la réenclencher aujourd'hui. C'est la conséquence directe de ce que l'on appelle le travail de deuil.

## Le processus de deuil

Chaque perte, chaque renoncement (et ils sont très nombreux au cours de la maladie) génère une blessure psychique qui nécessite une cicatrisation. Ce mécanisme de réparation correspond au processus de deuil.

On a vu dans un chapitre précédent que **le deuil permet l'intégration psychique des différentes pertes dans la vie du malade.** Il rend possible le fait de continuer à vivre au mieux, en dépit de l'absence de ce qu'on a perdu. Par exemple, un malade perd l'usage d'un membre ; il passe par le choc, la révolte, la dépression puis, progressivement, parvient à l'accepter. Il apprend à vivre avec cette paralysie.

Quand il s'agit d'une **blessure psychique**, les choses sont d'autant plus compliquées : si un malade est contraint de renoncer à une vie relationnelle et affective « normale », il va initier le processus d'acceptation pour tenter de vivre cela du mieux possible, malgré tout. Pour y parvenir, il y a des portes qu'il doit fermer en lui ; il doit s'interdire désormais l'accès à certains chemins intérieurs. Il « s'habitue » à un nouveau fonctionnement relationnel, même s'il est limité et frustré par rapport à ce qu'il a connu antérieurement. Il travaille, tant bien que mal, à la « cicatrisation » de cette plaie psychique. Il n'a pas le choix.

Or, on sait bien qu'il est difficile de rouvrir une plaie une fois qu'elle est cicatrisée. On a donc beaucoup de mal à faire marche arrière : la situation paraît comme figée de façon plus ou moins irréversible. Il ne parvient pas à rouvrir les portes qu'il avait fermées !

On a renoncé à des rôles, à des places dans son réseau social, à des fonctions dans son milieu familial et professionnel ; on a mis en place d'autres choses pour rendre tolérable le vécu contraignant de la maladie ! Et aujourd'hui, on constate qu'il est difficile d'inverser le processus ! Il est difficile de faire le « deuil des deuils ».

## La perte des « bénéfices secondaires »

Le malade n'a pas fait que perdre, au cours de la maladie. Il a aussi **acquis des repères** qu'il ne possédait pas auparavant. Sa maladie lui a peut-être donné un statut particulier (auprès de la famille, de ses amis, mais aussi de la société). Il se peut qu'il ait trouvé une reconnaissance et, parfois même, une réelle identité par le biais de sa maladie. Si, antérieurement, il n'avait pas sur lui un tel regard social ou familial, il est possible que, paradoxalement, la maladie constitue un « plus » qui le valorise. Il se rend compte qu'on fait plus attention à lui maintenant qu'il est malade, alors que ce n'était pas le cas avant. C'est ce qu'on nomme les bénéfices secondaires de la maladie.

Évidemment, le malade ne les recherche pas en tant que tels, mais il constate néanmoins qu'ils viennent à lui, parallèlement à la maladie. La guérison risque d'entraîner la perte de ces bénéfices secondaires, c'est-à-dire la perte d'une identité, d'une reconnaissance ou de droits que le statut de malade lui conférait automatiquement et cela peut cruellement lui manquer. **On en arrive alors à une situation ambivalente, où le malade « regrette » le temps où il était malade.** Cette position est considérée comme aberrante par l'entourage.

Cependant, il faut bien comprendre que, même si elle jouissait de bénéfices secondaires à sa maladie, cette personne ne cherche pas à manipuler ses proches, ni à abuser de la situation. Elle est simplement à nouveau **confrontée à la nécessité de faire le deuil de quelque chose qui lui faisait du bien (les bénéfices secondaires) même si le prix était lourd à payer (la maladie).**

## La phase dépressive

Rappelons-le encore : **il est normal d'observer une phase dépressive chez le malade après l'annonce de**

**la guérison** : c'est non seulement le cumul de la fatigue et de la peur de recommencer à vivre, mais aussi le reflet de cette **obligation à « renoncer » à la maladie et à tout ce qu'on a vécu à travers elle.** Cela paraît paradoxal et contradictoire, mais c'est **un processus normal** que les proches doivent comprendre et accompagner.

Pour cela, il faut à nouveau se risquer à la parole et au partage de ce que l'on ressent. Il faut aller au-devant de cette personne et aborder directement le sujet avec elle, car il y a de grandes chances pour qu'elle n'ose pas l'évoquer d'elle-même. Il faut l'inviter à parler de sa difficulté à retrouver les repères perdus et à en reconstruire d'autres. On peut lui permettre d'exprimer son ambivalent regret de devoir quitter le cocon étrangement sécurisant et familier (!) de la maladie. On doit lui montrer qu'on peut entendre et comprendre ses (apparentes) contradictions.

**Valider les émotions** est une étape indispensable pour pouvoir passer à autre chose. Ce n'est que dans un deuxième temps que l'on pourra, tout doucement, l'aider à reconstruire un avenir qui peut être pour certains aussi effrayant et incertain que la maladie elle-même.

## L'oubli de la maladie

Il existe parfois des situations où l'entourage souhaite effacer au plus vite le souvenir de la maladie : « Ça y est, tu es guérie, on n'en parle plus ! Il faut aller de l'avant. »

Mais que fait-on de tout ce qui s'est passé ? Est-ce que toutes les souffrances peuvent être balayées d'un coup ? Le malade a très souvent grandi humainement. Il a tiré un enseignement des épreuves de sa maladie et il se rend compte que son entourage est prêt à évacuer d'un revers de la main ce vécu important !

J'ai souvent retrouvé ce comportement auprès de

proches confrontés au sida d'un des leurs. La maladie gênait et dérangeait. Avec l'arrivée des nouvelles thérapeutiques, l'état des malades s'est tellement amélioré que les familles ont sauté sur l'occasion pour se débarrasser de cette présence inconfortable. Dans leur discours, la maladie était évacuée et le malade n'était plus considéré comme tel (choisissant d'ignorer le fait qu'il est toujours porteur de ce virus qui peut toujours le tuer, qu'il peut le transmettre, qu'il lui est difficile d'avoir des enfants, et qu'il doit prendre à vie un traitement médicamenteux !). Ce dernier se retrouve alors dans la situation complètement absurde de revendiquer sa maladie.

> « Il y a des choses qu'on ne peut et qu'on ne doit pas oublier, s'écrie un patient ; ma famille est en train de nier totalement tout ce que j'ai vécu ; tous les deuils, toutes les pertes ! Je dois "sauver mon passé". Il compte pour moi, il est précieux. Je ne peux pas accepter qu'on fasse comme s'il n'avait jamais existé, tout cela parce que je vais bien aujourd'hui. »

La maladie s'inscrit à tout jamais dans l'histoire de chacun. En dépit de la guérison, on doit toujours en tenir compte : **on ne peut pas effacer des pans entiers de son histoire de vie !**

Deuils, changements de rôles et de priorités, épuisement, persistance de certains mécanismes de protection, nécessité de réinvestir ce qu'on avait désinvesti, oubli de la maladie par les proches. Voilà ce qui contribue à rendre difficile le retour à une vie normale après la guérison. D'autres facteurs interviennent également : l'existence de séquelles liées aux traitements, à la chirurgie ou à la maladie elle-même ; son impact financier sur le budget familial ; la possible nécessité d'un reclassement professionnel, etc. La liste est loin d'être exhaustive et rend compte du chemin à accomplir. Il se fera néanmoins, d'une manière ou d'une autre, mais ce processus de retour à la vie sera très progressif et demandera, pour longtemps, soin et attention.

## ET VOUS ?

Et vous qui avez été un acteur essentiel dans cette tranche de vie qui s'achève, où en êtes-vous aujourd'hui ? Vous aussi, vous prenez conscience que vous avez beaucoup perdu. Vous aussi, vous avez dû changer de rôles et de priorités, en vous ajustant du mieux que vous le pouviez à l'évolution des événements. Au-delà de la joie légitime et du soulagement de voir le poids de l'accompagnement disparaître de vos épaules, qu'en est-il de votre relation avec cette personne qui doit reprendre le fil de son existence ?

Je me rappelle une épouse, qui s'était complètement identifiée à son rôle d'infirmière vis-à-vis de son mari : « J'ai finalement oublié que j'étais sa femme. Quand il est sorti de la maladie, je ne savais plus qui j'étais par rapport à lui. Il a fallu que j'arrête de m'occuper de lui en tant que soignante et que j'apprenne à redevenir une femme avec lui, à tous les niveaux. Il a fallu que je réapprenne à l'aimer différemment. »

L'enjeu, pour vous deux, est de **redéfinir votre relation aujourd'hui, maintenant que la survie de l'autre n'est plus le moteur qui la porte.** En fonction des liens qui existaient avant la maladie, il faut vous demander sur quelles bases en tisser de nouveaux. Comment va se développer la relation dorénavant, alors que la pression de la maladie n'existe plus ? Qu'est-ce qui est nécessaire ? Qu'est-ce qui est important ?

Comprenez bien que le rôle d'accompagnant que vous avez assumé durant la maladie a redéfini très profondément les liens qui vous unissent à la personne malade. Vous y avez peut-être découvert une intensité jusque-là inconnue et il n'est ni étonnant ni anormal de ressentir un vague regret à la perte de cette intensité émotionnelle, quand tout reprend son cours normal. Vous vous êtes sans doute, pendant la maladie, approché de l'essentiel et il est vrai que cette dimension s'émousse un peu quand un quotidien plus banal reprend sa place.

On se dit : « Bon et maintenant ? » On est peut-être un peu perdu, car on se rend compte qu'on n'a désormais plus rien à faire et que personne n'a plus besoin de cette aide qu'on donnait sans compter ! Oui, on a certainement un deuil à faire : celui du rôle d'accompagnant !

Dans les cas extrêmes, j'ai pu constater que certaines relations s'interrompaient après la maladie ! Ex-malade et ex-accompagnant se rendent compte qu'ils n'ont plus rien à se dire et que le lien qui les unissait n'avait de sens que dans le cadre de la maladie. Sans elle, il perd sa substance ! La suite de la relation dépend alors du désir mutuel de construire « autre chose » sur des nouvelles bases.

Tout comme cette personne qui vient de guérir, vous avez besoin de temps ; un temps de convalescence physique et émotionnelle, un temps de réflexion sur ce qui s'est passé, un temps pour vous ressourcer. **La vie, si vous la laissez faire, va vous y aider.** Elle s'infiltre partout, aussi inévitablement que la lumière chasse l'obscurité. Elle est capable de faire refleurir les terres les plus arides. Travaillez activement et patiemment à ce retour à la vie : il ne se fera pas tout seul ; il n'aura lieu qu'en fonction de la place que vous lui accorderez. Reprenez le fil de ce que vous avez interrompu à cause de la maladie, n'attendez plus. Agissez et laissez faire, en faisant confiance à vos ressources intérieures, celles que vous avez su mobiliser dans la bataille.

Il est temps de vous reposer maintenant et de retrouver le cours de votre vie avec – qui sait ? – un regard un peu plus sage et un peu plus profond sur le sens de votre propre existence.

# CHAPITRE 7

# QUAND LES CHOSES NE S'AMÉLIORENT PAS

Depuis le temps que l'on se bat contre la maladie, on s'imagine désormais qu'on la connaît bien, on pense pouvoir parer à toute éventualité. Mais soudain, de là où on ne l'attendait pas, surgit un petit événement qui peut réduire à néant tant d'efforts déployés. Et il faut recommencer à zéro. On pensait contrôler un tant soi peu la situation et on se retrouve à nouveau plongé dans la confusion et l'incertitude, et c'est ainsi tout le temps, encore et encore. Le plus déstabilisant et le plus fatiguant dans cette succession de « petits incidents », c'est leur déconcertante imprévisibilité qui impose de ne se reposer sur aucune certitude.

Finalement, on a appris à ne plus se fier à grand-chose car les prévisions et les pronostics se sont trop souvent avérés faux. Les traitements prometteurs n'ont conduit qu'à des déceptions et on ne veut plus continuer à espérer « à vide ». Cette incertitude de chaque instant est usante, car on ne sait jamais à quoi s'en tenir.

« J'étais persuadé que l'hospitalisation de l'été dernier allait être la dernière. Pierre s'était considérablement affaibli et tout semblait indiquer que sa fin était proche. Et, lentement, il a récupéré et il est sorti de l'hôpital !

« Ça fait presque un an maintenant. Dans ma tête, j'ai dû faire machine arrière : je l'avais déjà enterré et soudain, il était de retour à la maison !

« Aujourd'hui, il se dégrade à nouveau : il a perdu 15 kilos et il ne s'alimente presque plus, tout comme l'an dernier à la même époque. Il est de nouveau à l'hôpital. Je ne sais plus à quoi m'attendre ; je ne peux plus me dire "Bon c'est fini, il faut que je me prépare" car j'ignore s'il va rester à l'hôpital et pour combien de temps. Est-ce qu'il va y mourir ou est-ce qu'il va, finalement, rentrer à la maison comme la dernière fois ? Je ne sais plus. J'essaie de vivre au jour le jour. »

Dans ce climat d'incertitude, des questions fondamentales commencent à se poser : où en est-on maintenant ? Que recherche-t-on ? Quelles sont les priorités ? Quelles options thérapeutiques choisir ?

## L'INCERTITUDE

Une nouvelle hospitalisation a été décidée ce matin, cela devenait tellement difficile à la maison qu'on ne pouvait plus faire autrement. Ou la maladie progressait trop pour que le domicile puisse garantir la sécurité nécessaire.

On connaît bien ce service hospitalier ; on a ses repères et certains gestes sont devenus familiers : accrocher les vêtements dans la penderie ou arranger les affaires de toilette dans la salle de bain. On se retrouve presque chez soi ! Malgré l'urgence et la crainte de cette hospitalisation, une routine parvient tout de même à s'installer. On s'étonne toujours de voir combien on peut être souple dans le malheur !

Pourtant, on voit bien ce qui se passe et on entend suffisamment clairement ce qui se dit. Certains signes ne trompent pas. Même si le déni continue à obscurcir le jugement, on est, au fond de son cœur, confronté à l'inéluctabilité de certaines dégradations physiques ou psychiques. On en prend note, mais on ne sait pas si on doit en parler. Et il y a ces phrases des médecins ou des infirmières qui sont destinées à rassurer mais auxquelles on ne croit même plus.

Pourtant, l'hospitalisation se déroule presque « comme d'habitude » : les visites, les examens, les traitements ; mais des interrogations pointent dans un coin de la tête. Qu'est-ce que tout cela veut dire ? Où est-ce que l'on va ? D'accord, on va traiter ce problème ponctuel de fièvre, de diarrhée ou de douleur, mais au-delà de cela, si on se place dans une perspective plus globale, où en est-on ? Que signifient finalement toutes ces hospitalisations qui se succèdent à intervalles de plus en plus rapprochés ? Y aurait-il quelque chose à comprendre maintenant ? Quelque chose à accepter ? Il plane comme une ambiguïté, presque un silence, et personne n'ose le rompre le premier.

Chacun va vivre la situation **en fonction de sa réalité et de sa perception des événements**. Des divergences de vue apparaissent entre les personnes, alors qu'on pensait qu'elles étaient, a priori, sur la même longueur d'onde. Il s'installe dès lors des décalages dans le discours au sein même de la famille ou entre les soignants et les proches du malade.

D'un côté, par exemple, l'équipe soignante peut en venir à anticiper, dans le secret, une fin prochaine, compte tenu d'un état de santé en constante dégradation, quand de l'autre, les proches envisagent une évolution favorable. L'altération de la personne malade n'est pas perçue de part et d'autre avec les mêmes critères ni avec les mêmes paramètres. Chacun y va de son interprétation, puisque, progressivement, on sent bien qu'il n'y a plus de positionnement clair et univoque.

Le malade a également sa propre version de ce qui lui arrive, en fonction de la latitude que lui laissent ses mécanismes de protection pour véritablement lui permettre de faire face à la réalité de son état. Même chez les malades les plus lucides, on observe très souvent d'importantes variations dans le discours d'un jour à l'autre (ou d'une heure à l'autre !) : elles oscillent entre la prise de conscience d'une fin de vie possible et l'élaboration de projets d'avenir qui signe clairement une mise à distance de cette éventualité. Ainsi, le malade peut dire une chose le matin et affirmer son contraire le soir même. Il peut tenir un certain discours à ses proches et en adresser un tout autre au médecin.

> « Je vous assure, Mademoiselle, que mon fils m'a demandé de lui apporter ces prospectus de voyages ! Il veut partir en vacances ! Vous n'allez pas me dire que ce sont les propos de quelqu'un qui sait qu'il va bientôt mourir. » L'infirmière se tait, perplexe et indécise sur la juste attitude à adopter, car comment dire à cette femme que son fils lui a confié le matin même qu'il n'en pouvait plus, qu'il souhaitait que « tout s'arrête au plus vite » et que « seule la mort lui apportera le repos ».

**La dernière chose à faire est de confronter le malade à ses apparentes contradictions !** Il ne cherche pas à manipuler volontairement son entourage. Il ne faut jamais oublier que ses stratégies de défense contre l'angoisse de la maladie rendent **nécessaires,** voire indispensables ces discours à deux vitesses. Même s'il sent, à un certain niveau, qu'il est en train de se « raconter des histoires », il a besoin de se protéger de l'idée de la mort, en rêvant, par exemple, à un prochain voyage. D'une certaine façon, c'est se sentir toujours vivant que d'être capable d'éprouver du désir, alors, si l'entourage fait obstacle à ce désir, c'est presque une manière de dire au malade qu'il est déjà mort !!!

C'est parfois parce que des personnes malades ne se sentent plus soutenues dans leurs désirs qu'elles en arrivent à demander la mort par l'euthanasie : elles ne se sentent plus considérées comme *êtres désirants*, et donc plus comme *êtres vivants*.

Les contradictions du malade révèlent aussi son souhait de protéger ses proches. Il parle parfois de sa mort prochaine avec l'infirmière, mais il n'aborde jamais le sujet avec son entourage. Il tente d'apparaître confiant ou désinvolte « pour ne pas inquiéter ». Il se fait souvent le reproche d'être la cause de tant de soucis ! Il essaie de préserver ses proches et adapte son comportement ou ses paroles à ce qu'ils ont envie d'entendre, afin de les rassurer.

Mais il tente aussi de se préserver lui-même : s'il sent que le fait de révéler ses véritables états d'âme risque d'engendrer trop d'angoisse chez ses proches, il va être très réticent à en dévoiler le contenu. Il n'a aucune envie de voir déferler *sur lui* l'anxiété de son entourage et il peut donc choisir de se taire pour éviter cela.

## L'ACCEPTATION

Il arrive qu'à travers une phrase ou à l'issue d'une remarque apparemment anodine, le malade fasse passer un message qui parle d'acceptation : acceptation que tout ceci puisse finir un jour ; acceptation de sa fin de vie ; acceptation de sa mort. Si tel est le cas, il révèle là une avancée psychologique fondamentale, fruit d'une réflexion qui s'élabore sûrement depuis des semaines. Il a besoin que ses proches entendent cela. Il est en train de leur dire que, même si le moment n'est pas encore venu, il commence à accepter l'idée de partir.

Pour ceux qui parviennent à l'entendre, cela signifie tant de choses. Les émotions se bousculent. C'est un mélange étrange de soulagement et de frayeur, d'apaisement et de révolte, et aussi un sentiment confus qui préfigure une sorte d'abandon. Certains proches s'angoissent et y voient un renoncement. Ils paniquent et le récusent en bloc : ils lui reprochent de baisser les bras, ils font pression sur le malade pour l'inviter à plus de combativité, ou ils exigent que les médecins intensifient leurs efforts car, selon eux, cette réaction du malade est la conséquence directe des échecs thérapeutiques. Et pourtant, plutôt que de riposter sans délai par une escalade de soins et de traitements supplémentaires, n'y aurait-il pas quelque chose à accueillir, si on prend le temps de s'asseoir et de vraiment écouter ce que cette personne nous révèle ? Ne peut-on pas comprendre que, dans un tel contexte, l'acceptation d'une mort probable est un cheminement intérieur prévisible ? **Même si le malade se rétracte le lendemain,** ce vécu intime aura été révélé au moins une fois et il faut en tenir compte.

Cette démarche du malade va trouver un écho en nous : car sans même nous en rendre compte, elle initie notre travail de deuil. Mais il ne faut pas se tromper : **ce n'est pas parce que nous acceptons d'entendre ce que nous dit le malade que nous renonçons pour autant à nous battre !** La seule différence est que nous allons accepter de nous battre moins pour la guérison et davantage pour une meilleure qualité de vie, dans la continuité d'une relation qu'on s'efforcera chaque jour d'enrichir.

Si le malade est dans cet état d'esprit, il ne faut pas le confondre avec l'expression d'une dépression. **Le malade est triste, mais il n'est pas nécessairement déprimé.** Ce n'est pas la même chose (au besoin, un psy pourra aider à faire la différence et voir si un traitement est approprié). Comment, en effet, ne pas être « normalement triste », quand on réalise qu'on va peut-être bientôt mourir ? Comment l'envisager sans la tristesse de laisser derrière soi tous ceux qu'on aime ?

Aucun traitement antidépresseur n'a le pouvoir de gommer cette souffrance légitime. Ce n'est de toute façon pas souhaitable, car c'est un processus de maturation psychologique indispensable pour le malade et cela nécessite bien plus de parole et d'écoute attentive que de médicaments.

Ainsi, il arrive un point où on ne comprend plus tout à fait le malade, car les berges de nos deux rivages intérieurs se sont écartées, imperceptiblement. Les besoins et les aspirations de cette personne ont évolué, au gré de l'instant et de sa réflexion. Notre perception de se qui se joue en elle est d'autant plus incertaine que nous prenons de plus en plus conscience que le malade et nous-même ne marchons plus sur le même chemin.

Quand donc a-t-il changé de voie? On ne saurait le dire, car cela s'est fait si doucement. Nos routes sont restées longtemps parallèles, mais désormais, on sait qu'elles divergent, sans aucun espoir de retour en arrière. Le malade nous fait la description de paysages intérieurs auxquels on se sent de plus en plus étranger, car ce sont des territoires que nous n'avons jamais foulés nous-même. On est maintenant si proche et si loin tout à la fois. L'espace qui sépare nos deux solitudes devient toujours plus évident, jour après jour, même si notre main serre encore très fort la sienne et si on continue à faire « comme si ». Comme si tout cela n'avait jamais existé.

## LA DÉTRESSE DES SOIGNANTS

Même pour les soignants, médecins ou infirmières, il arrive un temps où le doute s'installe.

Je me souviens d'un jeune interne de l'hôpital Broussais à Paris. Il était profondément triste et avait besoin de parler : une de ses patientes venait de mourir du sida.

Semaine après semaine, elle s'était dégradée sans espoir d'amélioration et il me racontait que, plus son état empirait, plus il lui était difficile d'entrer dans sa chambre. « J'avais peur, me confia-t-il. J'avais peur qu'elle m'en veuille de ne pas savoir la sauver. J'avais honte de ne pas être à la hauteur de ce qu'elle attendait de moi. J'aurais tellement voulu pouvoir m'asseoir auprès d'elle pour lui dire tout ce qu'elle m'avait appris, humainement, dans sa lutte contre la maladie. J'aurais voulu la remercier pour la relation qui s'était établie entre nous, mais j'aurais dû aussi lui dire que je ne pouvais plus rien faire pour elle et qu'elle allait mourir, et ça, je n'y arrivais pas ! Je ne trouvais pas les mots pour le lui dire. Aujourd'hui, je me sens coupable de ne pas être allé la voir une dernière fois. Elle a dû mourir en pensant que je l'avais abandonnée, alors que je ne faisais que penser à elle ! C'est comme si je l'avais trahie. »

La réponse aux traitements n'est plus celle escomptée ; des complications nouvelles, et de plus en plus difficiles à contrôler, font leur apparition. Des questions qu'on ne se posait pas jusque-là commencent à émerger. La maladie évolue et le médecin doit en faire le constat. Parallèlement, son angoisse gagne du terrain : il prend conscience qu'il devient de moins en moins crédible aux yeux de son patient et que son savoir médical, sur lequel le patient et ses proches misaient tellement, commence à toucher ses limites.

Il était jusqu'alors investi d'un important crédit de confiance qui rendait tolérable la lourdeur des traitements et des investigations médicales. Les objectifs de soins étaient clairement définis et, même si les aspects humains et relationnels en souffraient un peu, on s'en accommodait volontiers, car la priorité était ailleurs : soigner et guérir, coûte que coûte. Le médecin trouvait dans ce rôle une légitimité qui confortait son identité en tant que soignant. Mais aujourd'hui, alors que ces objectifs ne peuvent plus être atteints, quelles positions adopter ? Quelle attitude tenir devant un patient en demande et une famille aux abois ?

À ces interrogations s'en ajoute une autre : comment le médecin se protège-t-il contre le sentiment d'échec et d'impuissance ? De fait, il s'est investi dans le rôle de « celui qui allait sauver à tout prix », or la maladie incurable risque d'être très directement menaçante pour l'intégrité de ce rôle. Il doit sortir de cette impasse pour ne pas être trop violemment remis en cause dans ce qu'il est professionnellement.

Le médecin peut *décider* de bloquer en lui l'émergence de ses sentiments, pour sauvegarder son équilibre intérieur. Ce n'est pas en soi inapproprié : on attend en effet que le médecin ne soit pas submergé par ses émotions, afin qu'il reste efficace. Cependant, cette attitude, aussi nécessaire soit-elle dans certaines circonstances, demande à être modulée quand on attend de lui plus qu'une réponse technique et qu'on sollicite ses capacités relationnelles.

Certains parviennent à faire ce glissement intérieur qui les rend disponibles au partage et d'autres redoutent de s'y perdre, car cela éveille en eux trop de peurs : ils restent alors bloqués dans le registre strictement médical. Ils jouent la carte de **la mise à distance affective** et s'en tiennent aux faits médicaux, en tentant d'évacuer toute considération émotionnelle ou existentielle. Ils conservent alors leur statut antérieur de médecins techniciens tout-puissants, même si ce pouvoir est menacé chaque jour par la dégradation du malade. Aux assauts de la maladie, ils ripostent par une surenchère thérapeutique. Ils multiplient les examens complémentaires, les prises de sang, les ponctions et allongent la liste des médicaments.

Par cette attitude « jusqu'au boutiste », ils ouvrent la porte à l'**acharnement thérapeutique**.

« Avec tout ce que j'ai fait pour ce malade, me confiait un jour un chef de clinique, j'ai les mains propres. Personne ne pourra me reprocher de ne pas en avoir fait assez! » Certes, mais le malade était épuisé, manifestement en fin de vie, et il continuait pourtant à lui prescrire des examens complémentaires lourds et fatigants. On aurait pu comprendre le bien-fondé de ses investigations, si elles avaient débouché sur des traitements nouveaux pour son patient, mais il n'en était rien! Le patient n'en tirait aucun bénéfice thérapeutique immédiat et il était clair que ces multiples examens rassurait d'abord ce médecin (ils ne lui montraient que des lésions qui étaient de toute façon au-delà de tout traitement). À ce stade de son infection, le malade aurait sûrement eu besoin d'autre chose de la part de son médecin. Mais peut être ne voulait-il pas ou plutôt ne savait-il pas quoi lui donner.

Attention! Il faut bien souligner que cette attitude de surenchère thérapeutique n'est pas en contradiction avec une relation de qualité entre le médecin et son patient : **le patient peut être totalement partie prenante (et même demandeur) de cette escalade.** Cela peut faire partie de sa stratégie de combat contre la maladie et on n'a pas le droit de la remettre trop brutalement en question. D'ailleurs, cette attitude n'est pas le seul fait du médecin. Celui-ci peut y être contraint par un entourage qui fait pression sur lui pour ne pas « baisser les bras ». Alors, afin de ne pas être accusé d'abandonner son malade ni de s'attirer le discrédit et les critiques des proches, le médecin (surtout s'il est isolé des autres soignants et seul face à une famille en demande) va choisir l'escalade des traitements et des explorations (même si, dans son for intérieur, il a de sérieux doutes sur le bien-fondé de ces décisions).

À l'opposé de la distance affective, certains médecins vont miser sur un **investissement émotionnel total**. Quand la maladie a trop évolué pour envisager une guérison, ces médecins semblent dire, comme l'écrit Martine Ruszniewski[1] : « Je ne peux plus te donner ma "toute-puissance" médicale, alors je te donne de moi, de ma personne "en échange", pour avoir au moins quelque chose à te donner. » Pourrait-on aller jusqu'à dire « pour me faire pardonner » ?

Là, le médecin rend manifeste le champ de ses émotions, et la réponse du patient ne se fait pas attendre, car ce dernier est évidemment très avide de ce genre de rapport de cœur à cœur avec son médecin. La relation s'intensifie au niveau humain et on arrive parfois à ce qui ressemble à des liens d'amitié.

Les bénéfices pour le patient sont évidents : il y trouve un réconfort et une force qui le replacent, en tant que personne, au cœur de la relation thérapeutique. Néanmoins, pour certains, c'est une position à double tranchant, car ils peuvent se sentir moins protégés et plus vulnérables face à ce médecin qu'ils ont toujours besoin de croire « tout-puissant » alors qu'il leur avoue soudain ses émotions, ses limites et sa faillibilité humaine.

Le médecin, quant à lui, trouve par ce comportement la **réparation** de son constat d'impuissance : il retrouve enfin quelque chose à donner, mais il est vrai aussi que cette position l'expose émotionnellement. En effet, que se passe-t-il s'il reproduit cette attitude avec tous ses malades porteurs d'une maladie grave ? Ne risque-t-il pas une usure affective progressive, qui peut avoir des répercussions sur sa vie professionnelle et extra-professionnelle ?

La juste distance est difficile à trouver : entre le

---

1. In *Face à la maladie grave*, Dunod, 1995.

« médical strict » (qui paraît trop aride) et l'hyper-investissement émotionnel (qui, même bénéfique, n'exclut pas de dangereux dérapages psychologiques), le médecin oscille entre les deux extrêmes et tous les intermédiaires sont possibles.

### Et les infirmières dans tout cela ?

N'est-il pas vrai que, trop souvent, ce sont elles qui se retrouvent seules sur le front ! Elles aussi sont tentées par les mêmes options que les médecins. Elles aussi font l'expérience de la peur et du doute. Elles aussi sont parfois démunies devant un patient qui leur demande clairement autre chose que des soins techniques ! Si, dans certains cas regrettables, les médecins partent, elles doivent rester avec le malade et ses proches, dans une solitude terrifiante.

Par leur position, elles sont dans une proximité avec le malade qui rend la fuite impossible. Pour rester présentes sans être détruites par la violence de la situation, elles doivent apprendre à se protéger. Malheureusement, trop peu de choses les y préparent durant leur formation et c'est souvent à tâtons qu'elles font l'âpre apprentissage de la confrontation avec la mort.

L'hôpital est le lieu du pire comme du meilleur.

Le temps de l'incertitude porte les fruits de la relation qui s'est établie depuis l'annonce du diagnostic. Alors que la maladie entre dans une nouvelle phase, les interactions d'aujourd'hui entre le médecin, l'infirmière, le malade et les proches sont les reflets des échanges d'hier, mais ils prennent une acuité et une intensité toutes particulières car la charge anxieuse monte désormais en pression. Il devient évident que tout ce qui est mis en place en amont de la phase terminale joue un rôle déterminant pour la suite.

Sans en faire une obsession, la prise en compte précoce de la fin de vie, en tant qu'**évolution possible** de la maladie grave, aide incontestablement à aborder plus sereinement cette éventualité. Car un silence initial engendrera toujours plus de silence. La peur engendrera toujours plus de peur. Conscients de cela, soignants, proches et malade s'approprient les clés d'un accompagnement de qualité. En œuvrant pour le maximum de clarté et d'authenticité dans le présent, on prépare l'avenir, quel qu'il soit.

## UNE NOUVELLE FAÇON DE VIVRE ENSEMBLE

« Plus la maladie s'aggravait, plus nos discussions devenaient profondes, raconte cet homme qui a accompagné son épouse. On parlait de tout ce qui avait changé et de tout ce qui allait encore changer, pour elle comme pour moi. »

Comment se parler quand la fin de vie devient une réalité incontournable ? Doit-on se parler autrement ou différemment ? Que dire alors ? A-t-on seulement la possibilité de vraiment se parler si on reste encore empêtré dans les défenses psychiques qui entretiennent le silence et le déni ?

La peur de la fin de vie et de tout ce qu'elle implique empêche peut-être encore l'accès aux émotions et aux pensées de « fond ». Avec l'accord ou non des proches, les médecins continuent parfois à entretenir un double discours où la vérité reste tronquée. Continue-t-on, en dépit de l'évidence, à se raconter des histoires, à remettre à plus tard ce qui est important ?

Si on en est toujours là, il est temps de se faire aider afin de parvenir à traverser le voile opaque de la peur. Pourquoi ne pas se risquer maintenant à autre chose, à une autre fragilité, à une souffrance d'une autre tonalité (puisque, de toute façon, on souffre déjà), ou à une autre vérité ? On ne saura pas ce qui se trouve au-delà, à moins d'accepter de s'y confronter. On est au pied du mur ; il n'y a plus d'échappatoire. Il n'y a pas d'autre issue.

> « Depuis que j'ai su qu'elle était malade, tout a pris un autre sens. Les plus petits moments d'intimité prennent une importance que je n'aurais jamais soupçonnée, simplement parce qu'on est ensemble et qu'on partage quelque chose. »
>
> « Je n'ai jamais eu une relation très proche avec mon père. Un jour qu'il allait mieux, on parlait tranquillement de tout et de rien et il a posé sa main sur ma cuisse : j'étais bouleversé jusqu'aux larmes, car il n'avait jamais fait cela auparavant. C'était un geste comme celui-ci que j'avais toujours attendu de lui. Il a vu que j'étais troublé et il m'a dit : "Tu sais, c'est étrange qu'il faille cette maladie pour qu'on se rapproche l'un de l'autre." Ce jour-là, j'ai compris qu'il nous restait bien peu de temps pour rattraper le passé. Il est mort six semaines plus tard. Cela a été fulgurant ; mais, au moins, on a eu ce temps pour essayer de refaire le chemin de toute une vie ensemble. »

Même les plus grands déserts ont leur oasis, mais encore faut-il pouvoir la trouver. Après des mois de marche forcée, il arrive parfois que nos pas incrédules nous mènent en un lieu d'apaisement où rien n'a vraiment changé mais où tout est pourtant différent. Ainsi, un petit événement apparemment mineur, comme une main posée sur la cuisse, peut révéler une profondeur dans notre relation à cette personne malade, qui, jusque-là, nous avait complètement échappé.

Peut-être parce qu'on apprend aujourd'hui à mieux regarder, à mieux écouter, à mieux ressentir, conscient de l'éphémère de l'instant qui coule insaisissable entre nos doigts. Certains parlent d'un véritable renouveau de leur relation. On apprend à se voir autrement et on découvre parfois les dimensions cachées de cet autre

être humain qu'on croyait si bien connaître. On a envie
de tendre ensemble vers quelque chose de plus simple,
de plus immédiat et de plus vrai, en essayant de dépasser la pudeur ou les restrictions liées à l'entourage ou
à l'éducation. On sent déjà le regret de n'avoir pas su
ou pu comprendre cela beaucoup plus tôt, avant,
quand tout allait bien et qu'on se croyait immortel. On
se nourrit de ces minutes de silence; on se regarde,
sans un mot, et on se dit son attachement, son affection, son amour, lucide sur le fait que c'est tout ce qu'il
nous sera permis d'emporter quand on devra un jour
continuer seul notre route. Et on voudrait que tout cela
dure, car, tant que cela existe, cela signifie que la personne qu'on aime est toujours vivante. Même si elle est
meurtrie physiquement ou psychiquement par la maladie. elle est toujours là et c'est ça qui compte.

« Dès que Stéphane a décidé d'arrêter tout traitement, on a commencé à parler très directement de ses
obsèques : il était évident que, sans médicaments, il allait
rapidement mourir. On le savait bien, lui et moi. Il a fait
établir son testament avec un ami notaire qui est venu à
la maison. Il souhaitait aussi préparer la cérémonie. On
a choisi les musiques qu'on aimait et les textes qu'il voulait que ses amis lisent. C'était incroyablement dur, mais
on sentait que c'était important. On en avait besoin. Cela
avait quelque chose de tellement absurde que, souvent,
on ne pouvait s'empêcher d'éclater de rire devant l'énor-
mité de ce qu'on était en train de faire ! On a parlé aussi
de moi, après. Il me disait : "J'espère que tu trouveras
quelqu'un de bien, après moi. La solitude, ce n'est pas
pour toi." Et moi, je le rassurais ; je lui disais que je m'en
sortirais s'il ne me laissait pas tomber, une fois de l'autre
coté. On parlait, en face à face ou à mots couverts, mais
on parlait et c'était l'essentiel. »

## *Mettre ses affaires en ordre*

En fin de vie, quand la parole trouve une chance de circuler, la relation prend une autre tonalité. Même le quotidien s'en trouve modifié. Des besoins nouveaux émergent chez le malade ; des désirs jusque-là maintenus sous silence commencent à apparaître et on remarque qu'un souhait bien particulier revient souvent dans le discours de la personne malade : celui de mettre ses affaires en ordre. Il se peut qu'elle ne l'énonce pas aussi explicitement, mais on décèle dans son comportement des indices qui reflètent ce désir. Sans que ce soit toujours clairement formulé, le malade ressent intuitivement le besoin d'apporter une sorte de « conclusion » aux affaires de sa vie. Cela devient parfois une véritable obsession pour certaines personnes qui ressentent l'urgence de leur temps compté.

Le docteur Elizabeth Kübler-Ross appelle *infinished business* ces « affaires de vie laissées en suspens » qui demandent résolution. « Mettre ses affaires en ordre » résonne de façon différente en fonction de chacun. Cela couvre en effet l'ensemble des préoccupations de toute une existence. Pour certains, il s'agit de régler de leur vivant des problèmes matériels ou financiers ; pour d'autres, il devient vital de renouer un contact avec des personnes avec lesquelles ils étaient en conflit depuis des années ; pour d'autres enfin, il est temps de parler à cœur ouvert avec ceux qu'ils aiment et qu'ils vont laisser derrière eux.

« Mettre ses affaires en ordre » renvoie aussi à des préoccupations d'ordre spirituel. Le malade souhaite d'une façon ou d'une autre être en paix avec sa conscience.

Quelle que soit la nature de ces désirs, les proches ont parfois du mal à accepter de les entendre : il est difficile de les admettre car ils signifient que cette personne qu'on accompagne se prépare, en toute conscience, à partir. Mais que cela nous fasse peur ou que cela nous attriste, elle nous demande néanmoins de l'aider à mener à bien ces ultimes tâches.

Que pouvons-nous faire, si ce n'est laisser le malade nous guider ? Ne peut-on pas aussi l'aider en tentant de clarifier avec lui ses priorités : « Qu'est-ce qui est le plus important pour toi ? », « Y a-t-il quelque chose que tu as besoin d'accomplir ? » Si cette personne rend possible une telle discussion, on peut l'aider à faire le point sur elle-même : qu'est-ce qui reste d'inachevé ? A-t-elle des directives, des conseils ou des instructions à donner pour l'avenir ? A-t-elle des souhaits à formuler pour clore le présent, qu'il s'agisse du matériel, de l'affectif ou du spirituel ?

Il est clair que ceci demande du temps, car on ne parvient pas à un tel niveau de lucidité sur les événements à venir, sans avoir cheminé intérieurement auparavant. Cette démarche a sûrement débuté depuis longtemps déjà dans le secret des pensées, et c'est souvent une réflexion aboutie que le malade livre finalement à ses proches. Il est indéniable que ces derniers peuvent jouer un rôle important en invitant le malade à parler, **bien avant sa fin de vie**, de ce qui compte le plus pour lui et en l'aidant, sans trop tarder, à accomplir ce qui lui tient à cœur.

De plus, le malade n'est pas le seul à bénéficier de cet échange. Les proches les plus impliqués auprès de lui ont également besoin de clore la relation avec cette personne avec laquelle ils ont tant partagé. Les relations entre les êtres humains sont de complexes réseaux de haine et d'amour, de discorde et de complicité, d'indifférence et d'intimité. N'est-il pas nécessaire d'essayer de faire la part des choses, quand il en est encore temps ? Qui a envie de vivre le deuil dans la culpabilité d'un pardon qu'on n'a pas pu se donner l'un à l'autre ? Qui voudrait vivre dans le regret d'une parole d'amour qu'on n'a pas eu le temps d'offrir ?

On a trop souvent peur de se dire ces choses-là

(alors qu'elles sont pourtant essentielles) parce qu'on se dit qu'on aura toujours assez de temps, ou parce qu'on craint d'inquiéter le malade si on commence à lui parler de cette façon (« Il va penser que sa fin est proche si je me mets à lui dire tout cela ! »), et on entretient ainsi le déni de la réalité, tout en se privant de cette précieuse opportunité.

Un aspect de *unfinished business* concerne directement le proche qui va se retrouver seul après le décès : en effet, les préoccupations matérielles et financières occupent une place non négligeable parmi les affaires à régler.

Le malade a très souvent déjà pris les devants : il a rédigé un testament ou a donné des instructions à son notaire pour répartir ses biens après son décès. Ou bien, s'il ne l'a pas encore fait, son seul souci est parfois de régler ces problèmes : il rédige ses dernières volontés, signe des procurations bancaires, donne des consignes pour organiser sa succession. Il indique les lieux où se trouvent les documents importants, donne les clés de son coffre, confie son numéro de compte. (Il est étonnant de voir certaines personnes déployer une énergie considérable pour régler leurs affaires matérielles, alors qu'elles ne tentent rien [ou presque] pour mettre un terme harmonieux aux relations affectives avec leurs proches.)

Si on est financièrement dépendant de cette personne, il est capital d'anticiper la suite des événements, au nom de sa propre sécurité.

> Je me souviens d'une femme qui refusait d'envisager ces questions. Elle se vouait corps et âme aux soins de son mari et rejetait avec violence toute discussion au sujet de son avenir matériel. Après la disparition de celui-ci, elle se rendit compte avec consternation qu'il n'avait absolument rien prévu pour elle ! Aucune assurance-vie, aucune réserve financière. Rien ! Elle se retrouva complè-

tement démunie et cette précarité matérielle soudaine vint très sérieusement perturber son deuil et son retour à une vie normale.

Si telle est votre situation, il est important que vous preniez les devants, même si cela vous en coûte. Il faut que vous ménagiez un tant soit peu vos arrières. Demandez à l'assistante sociale de l'hôpital ou de la mairie quelles démarches vous devez entreprendre. Prenez avis auprès de votre conseiller bancaire ou de votre notaire.

Ceci est incontestablement difficile à faire, car on se sent coupable et honteux d'envisager son confort matériel après le décès de la personne qu'on accompagne. On a l'impression de le trahir ou de lui voler quelque chose derrière son dos. Il n'en est rien : **on se confronte simplement à la réalité**. C'est tout. Elle va mourir et on va continuer à vivre, et on va devoir par conséquent faire face à des impératifs financiers qu'il est indispensable d'anticiper. Se voiler la face et refuser d'aborder les problèmes est un choix, mais il est lourd de conséquences.

Ne vous mettez pas en danger par ignorance, par négligence ou sous le poids de la culpabilité. Au besoin, s'il devenait nécessaire de parler avec le malade et que vous ne savez pas comment vous y prendre, faites-vous aider par quelqu'un qui a sa confiance. Cette personne pourra éventuellement vous permettre d'aborder les sujets délicats. De toute façon, ne tardez pas ! Ce n'est pas quand le malade sera inconscient ou trop fatigué que vous pourrez régler ces problèmes, calmement et dans le respect de chacun.

## UN LIEU POUR MOURIR

Il arrive un moment où on se pose la question : quel choix pour abriter les derniers moments de cette per-

sonne qu'on aime. Car on arrive à ce point d'acceptation
où nos préoccupations se concentrent autour d'un « bien
mourir » pour elle.

« Bernard et moi avions envisagé, il y a trois ans, dès
le début de la maladie, les conditions optimales que nous
souhaiterions pour sa fin de vie. Et je n'en reviens pas
encore aujourd'hui que tout se soit passé comme nous
l'avions décidé ! Ce que je veux dire, c'est que la fin de
vie au domicile peut bien se passer. Si j'insiste sur ce
point, c'est que je ne sais que trop combien un décès à
la maison peut être catastrophique pour tout le monde ! »

Parfois, on n'a même pas le temps de cette réflexion ;
une urgence survient et on est pris de court. En dépit
de nos promesses ou de nos résolutions antérieures,
le malade se trouve soudain envoyé en réanimation et
il décède seul, sans même qu'on ait pu lui dire adieu.
Le deuil porte alors le poids de la culpabilité de ne pas
avoir tenu ses engagements.

Ou bien on n'a jamais pu aborder le sujet car cela
faisait trop mal. On ne connaissait pas les mots appropriés ou on esquivait toute discussion de ce type :

« Je pensais être dans la vie en refusant de parler de
sa mort, raconte cette femme, et, finalement, rien n'a été
préparé : je n'ai jamais su ce qu'il voulait, ni où il souhaitait mourir. Il a sombré dans le coma en quelques
jours et mes interrogations sont restées définitivement
sans réponse. Je ne saurai jamais si ce que j'ai fait alors
était bien pour lui ou s'il aurait voulu autre chose. »

## Mourir à la maison

Le domicile reste le lieu privilégié pour le malade qui
envisage sa fin de vie. Il y a ses repères et ses habitudes.
Ses yeux se posent sur des objets connus et rassurants,
sur des photos qui racontent des fragments épars de

cette vie qu'il s'apprête à quitter. Il veut continuer à entendre les sons familiers de la maison : le parquet qui craque juste avant de rentrer dans la chambre, le bruit étouffé de la rue, le tic-tac de l'horloge qui égrène un temps devenu aujourd'hui si précieux.

Cependant, il craint aussi d'être un poids pour sa famille (encore faut-il qu'il y ait une famille). Il a peur de se retrouver seul, de ne pouvoir appeler à l'aide si un problème grave se présente. Il sait que la présence d'autrui est la condition indispensable pour avoir une chance de mourir à la maison.

Et cette maison, d'ailleurs, est-elle assez grande ou assez bien agencée ? A-t-on assez de place pour prendre soin du malade dans les meilleures conditions ? Est-ce matériellement possible ? Y a-t-il des aménagements à apporter ?

Ces questions doivent impérativement trouver des réponses précises et concrètes ; elles interviennent au premier chef si on envisage la fin de vie au domicile.

On souhaite tellement pouvoir répondre à cette demande du malade. Mais trop d'obstacles se dressent bien souvent quand on envisage l'idée d'un accompagnement terminal à la maison. Car, autant le dire, c'est une réelle épreuve pour les proches, tant physiquement que psychologiquement.

On redoute la non-disponibilité ou la non-accessibilité immédiate d'un environnement médical ou infirmier si une complication survient. On a peur d'être dépassé par une douleur qu'on ne saurait pas soulager ou par une hémorragie brutale, un malaise ou encore un accès d'agitation. Toutes ces peurs sont tellement légitimes !

On voudrait être plus fort, mais on sait qu'on ne pourra sûrement pas tenir. On craint de se sentir abandonné et livré à soi-même, face à une situation qu'on se sent incapable de gérer seul, sans aide extérieure.

On se dit aussi qu'on avait promis qu'il resterait à la maison. Mais il y a parfois des promesses qu'on ne peut tenir, malgré tous les efforts du monde.

> « Pourtant, ça peut très bien se passer au domicile, insiste Hubert. Mais il faut savoir que c'est une réelle organisation dont on est le seul et unique moteur. Il faut être vigilant par rapport à soi-même et bien mesurer si on est capable de mener à bien cette démarche car, une fois que c'est parti, la charge émotionnelle peut très largement dépasser ce qu'on avait imaginé. Si cela devient trop dur et qu'on craque, une hospitalisation dans l'urgence est vraiment traumatisante et elle est vécue comme un échec. »

D'après mon expérience, l'accompagnement de fin de vie à la maison demande une étroite collaboration entre les divers intervenants : les médecins de ville et hospitaliers, l'équipe d'hospitalisation à domicile (si elle existe), les infirmiers, les bénévoles d'associations et les amis.

> « Il fallait que je sois attentif à ce que tout le monde communique le plus efficacement possible. J'utilisais tous les moyens disponibles : le téléphone, le fax, le courrier. Nous avons pu coordonner étroitement nos actions. Cela a demandé beaucoup d'efforts et d'énergie de ma part, mais c'est ce qui m'a permis de garder Bernard à la maison. »

Il faut bien insister sur ce point : rien de tout cela ne peut être improvisé et une **préparation psychologique** *et* **logistique** soigneuse est primordiale. Si vous décidez d'un accompagnement à la maison, il est indispensable que vous, qui prenez en main la situation, trouviez un minimum de soutien auprès de votre entourage. Seul, l'entreprise risque de tourner au drame.

« Nous n'avons aucun droit de *forcer* une famille à accepter la prise en charge d'un patient si elle ne supporte pas cette éventualité, conseille le docteur Gomas. De plus, la capacité de la famille à prendre en charge le malade dépend étroitement de la qualité de la relation avec l'équipe soignante et de la manière dont la famille sera sécurisée, soutenue et encouragée par elle. » Par ailleurs, le médecin de ville peut lui-même avoir des craintes et des doutes sur sa capacité à mener seul l'accompagnement au domicile. (Il a néanmoins la possibilité d'être aidé par l'équipe de soins palliatifs la plus proche ou par l'hôpital de référence grâce à un suivi téléphonique. Des accompagnements à domicile ont été rendus possibles de cette manière.)

## Mais a-t-on vraiment le choix ?

70 % des personnes décèdent à l'hôpital et il est vrai que, souvent, la question ne se pose même pas : on n'a pas d'autre choix. On trouve de multiples raisons qui ont toutes une légitimité, soit du point de vue du malade, soit de celui de sa famille. Dans la plupart des cas, l'hôpital apparaît comme le seul recours viable pour que la fin de vie ne devienne pas un traumatisme pour l'entourage qui ne pourrait pas supporter un décès à la maison.

Certes, on connaît tous les aspects négatifs de l'hôpital. On a déjà fait l'expérience de la perte relative d'intimité, d'un certain anonymat que les équipes soignantes essaient pourtant d'amoindrir. Mais l'hôpital a incontestablement le pouvoir de rassurer les plus terribles angoisses, en dépit du fait qu'il en génère d'autres. On y trouve la sécurité d'un service où on a appris à être connu. On croise des visages familiers et souriants quand on va chercher du café au distributeur. Quelqu'un a un mot d'attention pour vous et on ne savait pas que d'aussi petits détails pouvaient prendre une telle importance. On s'apaise, grâce aux gestes et aux décisions de ces professionnels qui œuvrent pour le bien de cette personne qu'on leur a confiée. On se dit aussi qu'on ne sera pas tout seul face à la mort de cette personne qu'on aime.

J'espère de tout cœur que vous trouverez de bonnes conditions d'accueil dans le service où votre proche est hospitalisé. Je sais combien il est dramatique d'accompagner ceux qu'on aime dans un environnement de méfiance, de négligence, d'irrespect ou de conflit. Il y a, malheureusement, des services hospitaliers qui n'ont vraiment rien compris : les conditions d'un accompagnement de qualité y sont quasi inexistantes pour des raisons qui puisent essentiellement dans la peur. C'est grave pour le patient, mais aussi pour vous qui allez lui survivre.

Comment, dans les années à venir, effacer de votre mémoire le visage torturé de douleur de votre père ou de votre compagne si celle-ci n'est pas correctement contrôlée ? Que faire, durant les longs mois de votre deuil, de votre colère face aux comportements de certains médecins ? Il y a des images qu'on n'oublie pas. Il y a des paroles qu'on n'arrivera pas à pardonner.

Améliorer les conditions de la fin de vie est encore aujourd'hui une impérieuse nécessité dans nos hôpitaux. De grands progrès restent à faire.

# CHAPITRE 8

# LES SOINS
# PALLIATIFS

Plus la maladie progresse et met en échec les traitements successifs, plus s'impose l'idée d'une alternative au désir de guérir et on commence progressivement à penser aux conditions de vie pour ce qu'il reste encore à vivre.

On ne veut pas que la personne qu'on aime souffre ; on ne veut pas qu'elle devienne un légume, rattachée à la vie par des tuyaux et des machines qui la nourrissent et la font respirer ; on veut que sa dignité humaine soit respectée ; on voudrait qu'elle meure à la maison ou, si cela n'est pas possible, à l'hôpital, mais, de toute façon, que cela se passe paisiblement, calmement et sans douleur.

On veut aussi être pris en compte, **exister** en tant que personne, en opposition à l'anonymat hospitalier ; on veut être considéré comme un individu qui accompagne jusqu'à la mort un être cher et qui a besoin d'être soutenu, écouté et compris dans cette épreuve. On souhaiterait tellement que cela se passe pour le mieux ; mais on s'inquiète, car l'expérience de la maladie nous a appris à être très prudent quant à la réalisation de nos désirs. On a été trop souvent déçu.

Entre l'acharnement thérapeutique (qui vise à prolonger la vie, souvent au-delà des limites du tolérable, dans un déni de la mort) et l'euthanasie (qui conduit à tuer délibérément le malade qu'on ne peut plus guérir), il existe une voie médiane qui reste encore aujourd'hui trop méconnue dans notre pays : celle des soins palliatifs.

On en parle de plus en plus dans les médias, mais on a rarement une idée claire de ce que sont véritablement les soins palliatifs.

Mise en place par le docteur Saunders, au Saint-Christopher's Hospice de Londres dans les années soixante, la pratique des soins palliatifs a connu un essor considérable dans les pays anglo-saxons. Ils apportent depuis plus de trente ans des réponses intelligentes et fiables aux questions de la fin de vie. Malheureusement, la France connaît un retard important dans ce domaine, par ignorance ou par méconnaissance de la nature exacte de cette approche.

## En quoi consistent les soins palliatifs ?

La S.F.A.P. (Société française d'accompagnement et de soins palliatifs) en donne la définition suivante : Les soins palliatifs sont des soins **actifs,** dans une approche **globale** de la personne en phase évoluée ou terminale d'une maladie mortelle : prendre en compte et viser à soulager **les douleurs physiques** ainsi que **la souffrance psychologique, sociale et spirituelle** devient alors primordial. Les soins palliatifs et l'accompagnement sont multidisciplinaires (ils font intervenir : médecins (hospitaliers ou « de ville »), infirmières (hospitalières ou libérales), assistantes sociales, aides soignantes, kinésithérapeutes, psychologues, représentants des cultes, bénévoles d'associations, etc.). Ils s'adressent au malade en tant que personne humaine et, autour de lui, à sa famille et à son entourage, **que ce soit à domicile ou en institution.**

Les soins palliatifs considèrent le malade comme un

vivant et sa mort comme un processus normal : **ils ne hâtent ni ne retardent le décès**. Leur but est de **préserver la meilleure qualité de vie possible jusqu'à la mort**. Ainsi, les soins palliatifs préconisent un accompagnement du malade en fin de vie, qui prend en compte ses différents niveaux de besoins : physiques, psychologiques, relationnels et spirituels. On tente de trouver une réponse appropriée à chacun de ces niveaux :

• le contrôle de la douleur physique ;
• l'amélioration des symptômes altérant la qualité de vie (essoufflement, occlusion, diarrhées, nausées, etc.) ;

> En soins palliatifs, les examens complémentaires (radios, ponctions douloureuses, prises de sang répétées, etc.) sont réduits au strict minimum. En effet, la priorité n'est plus à l'exploration médicale d'une maladie qu'on connaît déjà. On ne cherche pas à faire un diagnostic de lésions que, de toute manière, on ne pourra pas guérir, mais on se focalise plutôt sur la personne malade et sur son confort physique et psychique.

• les soins du corps et les soins de confort (prévention des escarres, massages, hydrothérapie) ;
• l'écoute de la souffrance psychologique du malade confronté à sa fin de vie et, si besoin, le traitement médicamenteux de l'anxiété ou de la dépression ;
• éventuellement, une aide spirituelle par un ministre du culte, si le malade le désire ;
• un suivi social (où il est proposé au malade et aux proches un soutien logistique dans les démarches sociales et les problèmes matériels) ;
• un suivi psychologique des proches (là encore, s'ils le souhaitent) pendant la maladie et après, dans le cadre d'un suivi de deuil ;
• de plus, les équipes de soins palliatifs tentent au maxi-

mum d'adapter les visites, les soins et les repas au rythme du malade.

Ces objectifs sont ambitieux, mais ils correspondent à la réalité des besoins du malade en fin de vie.

De très nombreuses idées fausses circulent sur les soins palliatifs et, pour cette raison, beaucoup de malades ne bénéficient pas de la qualité d'accompagnement à laquelle ils ont droit. C'est pourquoi il est justifié ici d'entrer davantage dans le détail de cette approche.

## LE CONTRÔLE DE LA DOULEUR

Le contrôle de la douleur est une des priorités essentielles de l'approche palliative. Comme on le verra plus tard, la souffrance d'une personne malade ne se résume pas à sa douleur physique. Néanmoins, la peur d'avoir mal est la plus grande appréhension du grand malade et de ses proches (même si on sait que les malades en fin de vie ne souffrent pas tous).

Les moyens proposés pour le contrôle de la douleur font peur : dès qu'on commence à parler de **morphine,** l'angoisse monte et les préjugés affluent à l'esprit. C'est principalement en France qu'on observe la plus grande résistance à l'utilisation de la morphine si on compare avec les autres pays européens. Elle est prescrite de façon largement insuffisante « en laissant s'installer des situations intolérables et pourtant évitables. La prescription de la morphine fait peur, et cela limite son utilisation ». C'est ce qu'affirme le docteur Gomas[1], médecin généraliste, spécialisé en soins palliatifs. Il poursuit : « **La morphine est un médicament contre la douleur qui, bien administré, transforme complète-**

---

1. In *Soigner à domicile les malade en fin de vie, op.cit.*

ment la capacité relationnelle du malade, l'affranchissant de l'esclavage de sa douleur. Quand on a mal, très mal, la pensée se fige et se focalise sur la douleur ; on ne parle plus, on ne peut plus communiquer ; il n'y a que la douleur, présente, constante et lancinante, au fil des heures, qui empêche tout repos, tout partage, tout temps d'élaboration de la pensée. Seuls les médecins n'ayant jamais manipulé correctement de la morphine peuvent encore dire qu'elle est dangereuse chez un patient qui souffre. »

## Bien prescrire la morphine

Il existe un grand principe de base à toujours respecter : **il faut chercher à prévenir la douleur, plutôt que d'attendre qu'elle arrive pour la traiter.** Ainsi, il est nécessaire de donner des doses appropriées, **régulièrement, sans attendre que le malade ait assez mal pour en redemander !**

La douleur est un signal du corps pour indiquer que quelque chose ne va pas. Une fois la cause de cette douleur identifiée (qu'elle soit curable ou non), la douleur perd sa fonction de « signal », elle devient « inutile » et ne pas la traiter est une aberration. Prenons cette analogie : des cambrioleurs pénètrent dans une maison. Le signal d'alarme (la douleur) retentit et indique à la police (les médecins) qu'il y a effraction. Les policiers interviennent et essaient d'arrêter les voleurs (mise en place d'un traitement pour tenter d'atteindre la cause de la douleur). Dès que l'alerte a été donnée, l'attention s'est portée sur les cambrioleurs et il est inutile de laisser hurler la sirène dans la maison. Le geste le plus normal est de débrancher le système (donc de faire taire la douleur, en la traitant !). Qui voudrait laisser hurler l'alarme pendant des jours et des jours quand ce n'est plus nécessaire ?

## Les peurs liées à la morphine

La morphine effraie car on l'associe à la fin de vie. Pour beaucoup, elle symbolise la mort, l'abandon des efforts des médecins ou le renoncement. Or la décision de mise sous morphine est indépendante du temps qui reste à vivre ou de la nature de la maladie.

**Ce n'est pas le « dernier recours », c'est le recours le plus puissant !** Les douleurs de phase avancée d'une maladie grave sont souvent les plus intolérables. On cherche à traiter la douleur ; or, comme la morphine est prescrite à ce moment-là (parce que c'est le médicament le plus efficace), on a tendance à faire l'amalgame entre morphine et fin de vie ! C'est cette confusion qui fait redouter la mise sous morphine.

On reproche aussi à la morphine de « faire mourir plus vite », mais c'est le cas d'un très grand nombre de médicaments puissants si on les administre à doses massives, en allant bien au-delà des doses thérapeutiques. C'est l'utilisation inadaptée (et souvent détournée) de la morphine qui a contribué à en faire symboliquement un médicament synonyme de mort. En effet, dans ces cas-là, soit elle est utilisée à des fins euthanasiques, soit elle est donnée de façon systématique à l'approche de la mort, même dans des circonstances où sa prescription n'est pas nécessaire.

Quand le médecin suggère la mise en route de la morphine, les proches s'alarment car ils s'inquiètent également sur le fait qu'elle va « shooter » le malade ou qu'il va perdre la tête. On craint qu'il délire et qu'il perde tout contact avec la réalité. C'est faux : la personne restera parfaitement lucide **si on lui donne progressivement** les doses appropriées. Elle est « shootée », quand les doses sont trop fortes ou quand elles sont administrées trop rapidement.

Même dans de bonnes conditions de prescription, une **somnolence** peut apparaître dans 20 % des cas : **elle**

**est toujours transitoire et bien supportée**, à la condition que le patient et sa famille en soient prévenus.

De même, le risque de « perdre la tête » est négligeable : des hallucinations ne surviennent que dans 3 % des cas. Elles sont souvent le fait de doses fortes et trop rapides, quand on n'a pas respecté les paliers progressifs d'adaptation au médicament.

L'existence de ces peurs souligne combien cette prescription a besoin d'être très clairement expliquée aux proches et au malade. Ils doivent savoir pourquoi on utilise la morphine et dans quels buts. Ils doivent connaître le mode d'administration du médicament et la fréquence des prises. Enfin, il est indispensable d'être au courant des effets secondaires de la morphine, afin de les prévenir et de ne pas arrêter le traitement par ignorance.

Il est essentiel que le médecin prenne ce temps d'explication et de clarification, car, sans une préparation psychologique adaptée, la prescription de morphine se heurtera à des peurs et des préjugés qui peuvent conduire les gens à modifier d'eux-mêmes la prescription : soit ils diminuent les doses et soulagent la douleur de façon insuffisante, soit ils ne donnent pas le traitement et laissent le malade souffrir inutilement.

**La peur de la dépendance**

« Madame, dans ce service, on ne donne pas de la morphine », s'entend répondre une femme qui demande à une infirmière de la morphine pour son mari, « on ne veut pas que nos malades deviennent des toxicomanes ! » Cette réflexion est absurde. Elle ne correspond à aucune réalité et témoigne de la profonde méconnaissance de cette soignante sur les effets réels de la morphine. Cette ignorance est malheureusement encore partagée par une bonne partie du corps médical (et surtout, semble-t-il, par certains services de chirurgie où on laisse encore aujourd'hui souffrir les nouveaux opérés, sans aucune raison valable!). Cette réticence des médecins (et des pharmaciens) influence fortement les familles, qui arrivent à croire à leur tour que la prescription de morphine est néfaste.

De très nombreuses études prouvent clairement qu'un malade **ne devient jamais toxicomane si on lui prescrit de la morphine.** C'est une idée fausse qui a pourtant la vie dure! Si le médecin est amené à augmenter les doses de morphine, c'est que l'intensité de la douleur rend cela nécessaire et non pas parce que le malade est devenu « accro » et dépendant.

**On ne deviendra pas toxicomane si, médicalement, on a besoin de prendre de la morphine.**

### Deux effets secondaires

Il existe, en revanche, deux effets secondaires constants qu'il est nécessaire de connaître et de prévenir :

• de la nausée et/ou des vomissements surviennent dans 30 % des cas et ne durent que quelques jours. Néanmoins, il faut les prévenir dès le premier jour par des médicaments contre le vomissement ;

• une constipation apparaît dans 95 % des cas. Le médecin doit impérativement la prévenir dès la mise en route du traitement.

Ces précautions mises à part, la prescription de la morphine est fiable et peut changer radicalement les conditions d'accompagnement. J'ai vu des patients s'ouvrir et s'épanouir, une fois que leur douleur avait été contrôlée. Les relations se rétablissent, la parole ré-émerge alors que la douleur enfermait les personnes dans un intolérable silence.

# LES SOINS PALLIATIFS SONT DES SOINS ACTIFS

Beaucoup de gens pensent que l'entrée en soins palliatifs implique le renoncement à toute thérapeutique. C'est complètement faux. Les soins palliatifs ne sont pas en contradiction avec les soins curatifs (c'est-à-dire ceux qui sont destinés à guérir une maladie).On s'imagine trop souvent que, si on est en soins palliatifs, on va « tout arrêter » ; c'est une erreur.

Ainsi, pendant le traitement actif d'un cancer, on peut prescrire une chimiothérapie (approche curative du cancer) en traitant en même temps la douleur cancéreuse avec de la morphine (approche palliative) ; on a donc, de façon simultanée, des traitements à visée curative et à visée palliative. Si le malade guérit ou si l'origine de la douleur disparaît, on arrête naturellement la morphine.

Ou encore un patient donné, en stade terminal de sida, décide d'arrêter tous ses traitements contre son virus. Après concertation, on stoppe donc les médicaments antiviraux qui ont perdu de leur efficacité (AZT, DDI) mais, dans une optique palliative qui vise à préserver son confort de vie, on conserve :
• un traitement contre l'anxiété ;
• un somnifère lui permettant de bien dormir ;
• un antidépresseur qui l'aidait à maintenir son moral ;
• et un traitement actif curatif contre une maladie des yeux sans lequel il risquerait de devenir aveugle en quelques jours.

Sa qualité de vie passe par la conservation de sa vision. Au nom de ce bénéfice essentiel pour le malade, les médecins conservent donc un traitement curatif en pleine phase terminale.

## La douleur totale

Les soins palliatifs ne se limitent pas au traitement de la douleur physique. Leur champ d'application est beaucoup plus large. Ils s'attachent à prendre en compte les divers niveaux de ce qu'on appelle **la douleur totale**.

Quand quelqu'un dit : « J'ai mal », le premier réflexe est de se tourner vers le corps, « où as-tu mal ? ». On pense aussitôt à une douleur physique, mais ce n'est peut-être pas le corps qui souffre. En effet, cette souffrance se réfère-t-elle au corps ? Au cœur ? À l'âme ? Ou à tout en même temps ? La douleur est multiple. Elle comporte de nombreuses facettes dont l'ensemble constitue la douleur totale qui inclut :

• **la douleur physique** (les lésions cancéreuses, les douleurs abdominales et musculaires, les escarres, etc.). Elle fait appel au traitement des symptômes et au contrôle de la douleur ;

• **la souffrance psychologique** (la peur, l'angoisse, la dépression, la culpabilité, les conflits avec les proches, les préoccupations sur son avenir et celui des siens). Elle demande une écoute attentive et peut nécessiter la mise en place de solutions concrètes et pratiques ;

• **la souffrance métaphysique, ou existentielle** (l'angoisse sur le sens de la vie ; le questionnement du « pourquoi » de tant de souffrance ; les questions sur la vie, la mort, la religion, Dieu). Elle aussi demande une écoute soutenue. Cette souffrance peut être au cœur des préoccupations de la personne en fin de vie.

Ces trois niveaux sont en étroite interdépendance les uns par rapport aux autres, ils sont en constante interaction.

> Prenons l'exemple d'un malade qui souffre depuis des semaines, sans être correctement soulagé par un traitement antalgique efficace : à cause de la douleur, il va progressivement s'épuiser, physiquement et psychiquement.
>
> Il peut développer une dépression sévère, car sa vie, détruite par la douleur, n'a plus de sens à ses yeux. Les

médecins envoient le psychiatre pour traiter sa dépression! Or cette dépression n'a pas besoin d'antidépresseur : il suffit de prescrire des médicaments contre la douleur, à doses efficaces! Dans ces conditions, la dépression s'estompe d'elle-même.

Cet exemple illustre combien il est important d'aborder les trois niveaux de souffrance en même temps. La douleur (niveau physique) conditionne l'apparition d'une dépression (niveau psychologique). S'occuper du niveau psychologique est donc inutile si on néglige le niveau physique! L'inverse est vrai également, il est reconnu aujourd'hui que le stress et l'angoisse abaissent le **seuil de tolérance** à la douleur physique : cela signifie que, à douleur égale en intensité, une personne angoissée ou déprimée supportera moins bien la souffrance qu'une personne qui ne l'est pas! Il apparaît ainsi que la prise en compte de l'état psychologique du malade a une incidence directe sur sa condition physique et sur sa tolérance aux contraintes de la maladie.

Pour le malade, parler des émotions, des conflits et de tout ce qu'il ressent, apporte aussi un apaisement physique. On comprend alors combien **la parole est un véritable soin**. De même, il est important de réaliser que la **douleur physique peut être un appel du malade à la parole et à la relation avec ceux qui l'entourent** : par le biais de sa douleur, il tente parfois de dire quelque chose qui parle de son vécu intérieur.

Par ailleurs, des études ont montré que, plus une personne est isolée socialement, moins elle est capable de lutter efficacement contre la maladie, physiquement et psychologiquement. Cela veut dire que, si on fournit les meilleurs soins médicaux à une personne qui vit seule, sans contact avec autrui, elle en tirera moins de bénéfice qu'une autre personne qui, à soins égaux, sera davantage entourée. D'où l'importance de prendre en compte **la qualité de l'environnement social du**

**patient** (ce qu'on appelle le *support social*), pour optimiser les soins médicaux qu'on lui propose.

Ainsi, parler des soins palliatifs comme une approche globale du malade signifie que la réflexion autour des soins à lui prodiguer englobe tous les niveaux de souffrance. Tout est intriqué : s'occuper de l'un revient à s'occuper de l'autre ; négliger l'un conduit à négliger l'autre.

## LES PROCHES

La vie relationnelle constitue une des facettes essentielles de l'existence du malade. S'il souffre dans sa relation à autrui, cela aura immanquablement des conséquences au niveau de sa maladie. De même, si son environnement affectif est serein, il en ressentira les effets positifs. C'est pour cela que la philosophie des soins palliatifs intègre les proches du malade dans la démarche de soins. Leur bien-être conditionne celui du patient et les proches sont eux-mêmes en souffrance. Comme le malade, ils traversent une terrible épreuve. Il est possible qu'ils se retrouvent en deuil si le patient décède et cette douleur est trop intense pour qu'on se permette de l'ignorer.

Ainsi, en soins palliatifs, le père, la mère, la sœur, l'épouse, le compagnon, l'ami(e), etc. sont également considérés comme des victimes de la maladie.

Parfois, la plus grosse partie du travail d'une psychologue de soins palliatifs ne se fait pas auprès du malade mais plutôt auprès de ses proches ! Leurs besoins sont multiples : apprendre à parler avec le malade, comprendre et tenter de gérer un conflit avec lui, parler de leur désarroi, de leur crainte de l'avenir sans la personne qu'ils aiment, préparer les événements à venir, etc.

L'idée de base est que tout ce qui est fait pour l'entourage a des conséquences directes ou indirectes pour le malade. Ainsi, par exemple, si une épouse parvient à apaiser son angoisse ou sa frustration en parlant avec des soignants qui l'écoutent vraiment, elle revient au chevet de son mari, plus calme et plus disponible et il tire un bénéfice de l'écoute qui a été offerte à son épouse. Elle-même se sent mieux comprise et soutenue dans ce qu'elle vit. C'est une soupape de sécurité dans ses efforts d'accompagnement.

Les soignants ont conscience que les proches se trouvent dans une situation nouvelle où ils n'ont pas de repères. Ils sont présents pour les guider dans des gestes qu'ils n'osent peut-être pas faire. Ils les conseillent sur les besoins du malade et sur les leurs ! Il ne faut pas les voir comme des « spécialistes de la mort » (cela n'existe pas et il faut se méfier de toute personne qui revendique ce statut). Ce sont des personnes qui ont simplement un peu plus de connaissances et de réflexion sur la fin de vie. Ils ont appris, au fil du temps (parce que ce n'est pas écrit dans les livres), ce qu'il est approprié et juste de faire dans ces circonstances délicates.

## QUELS LIEUX POUR LES SOINS PALLIATIFS ?

La réponse est simple : tout lieu où des personnes sont en fin de vie est approprié pour la mise en place des soins palliatifs. En effet, les soins palliatifs renvoient davantage à un état d'esprit et à une façon de réfléchir sur la fin de vie qu'à un lieu spécifique.

Toutes sortes de modalités d'application sont envisageables. Il existe :
• des **unités de soins palliatifs,** qui sont des services hospitaliers à part entière s'intégrant dans un hôpital ;
• des **unités mobiles de soins palliatifs :** ce sont des équipes volantes de médecins/infirmières/psycho-

logues qui interviennent dans les différents services d'un hôpital. Il faut donc se renseigner si une telle équipe existe dans l'hôpital où son proche est hospitalisé ;

• dans **un service hospitalier « classique »**, les soins palliatifs peuvent être mis en place par des médecins, des infirmières et des aides soignantes qui ont reçu une formation spécifique pour l'accompagnement de fin de vie. Ils tentent de faire coexister soins curatifs et soins palliatifs dans un même lieu. Dans ce cas, les disponibilités et l'accès à une démarche palliative dépendent étroitement du désir des soignants, et de leur chef de service, de se former à cette discipline. Ce désir n'est pas nécessairement partagé par l'ensemble de l'équipe soignante : ceci est malheureusement un facteur limitant pour la diffusion des soins palliatifs dans un service. Cette discipline nécessite en effet un apprentissage et une formation : les soins palliatifs ne s'improvisent pas !

• enfin, en collaboration avec les associations d'accompagnement (voir annexe) et les services hospitaliers, il est possible d'organiser les **soins palliatifs à domicile**. Ceci est d'autant plus facile à réaliser s'il existe une structure d'hospitalisation à domicile (HAD) rattachée au service hospitalier d'origine.

Il est indispensable d'explorer activement les différentes options : elles dépassent parfois ce qu'on imagine et offrent des possibilités de solutions à des situations qu'on pensait initialement bouchées. Des structures de soins palliatifs existent dorénavant dans la France entière. Il y en a certainement une à proximité de votre domicile.

## *L'esprit des soins palliatifs*

Je ne voudrais pas donner une image idéalisée des soins palliatifs. Les soins palliatifs ne sont pas la panacée. Ils ont, comme tout, leurs limites et leurs failles. L'approche palliative ne permet pas d'éviter l'angoisse de la mort. Elle ne met pas à distance la souffrance de voir disparaître quelqu'un qu'on aime. Ce n'est pas *la* réponse à nos peurs face à la mort ; c'est *une* réponse qui propose d'accepter la fin de vie et de la vivre dans les meilleures conditions possibles.

Cet objectif n'est parfois pas atteint, ou incomplètement : chacun est différent, chaque situation est unique, les moyens sont peut-être encore trop limités Chacun écrit son histoire et il y a des choses, malheureusement, qu'on ne peut pas changer, quoi qu'on fasse.

Un dernier point : les unités de soins palliatifs n'ont pas besoin d'être multipliées dans toute la France. Ce n'est pas nécessaire pour assurer la diffusion de la pratique palliative. Les unités sont certes des lieux indispensables de formation, d'apprentissage et de recherche, mais l'objectif principal est que tous les services hospitaliers ayant affaire avec la fin de vie s'approprient « l'esprit palliatif », afin de mettre en place les « outils » palliatifs nécessaires dans leurs murs, parallèlement et sans contradiction avec les soins curatifs. Les unités de soins palliatifs resteraient alors des lieux de référence, d'information, d'enseignement et des relais éventuels pour les situations ingérables dans les services hospitaliers classiques. Ceci est lentement en train de se mettre en place : l'expérience des pays anglo-saxons nous montre sans cesse qu'une autre approche de la fin de vie est possible, en rupture avec le silence qui prévaut encore actuellement à ce sujet. Le bénéfice des soins palliatifs pour chacun, malades, proches et soignants, est énorme.

C'est une autre façon de considérer l'être humain à la phase ultime de son existence. Il serait dommage et grave de laisser passer une telle opportunité.

# CHAPITRE 9

# LA TENTATION
# DE L'EUTHANASIE[1]

---

1. Ce chapitre s'inspire du travail du Dr Donatien Mallet, *La Demande d'euthanasie : parole à l'autre*, Diplôme universitaire d'éthique de la santé - Faculté Libre de Médecine (Lille), USP Paul Brousse, Villejuif, 94800, octobre 1996.

« Docteur, j'en ai assez. Aidez-moi à mourir!» Que répondre à un grand malade qui formule une telle demande? En fait, que demande-t-il vraiment?

Le dossier de l'euthanasie est bien trop vaste pour être traité ici. Il soulève les passions, entretient les combats éthiques et idéologiques, interroge la conscience de chacun. Selon la définition des docteurs Roy et Rapin[1], le terme d'euthanasie signifie « mettre fin, délibérément et rapidement, par compassion, à la vie d'une personne atteinte d'une maladie incurable et évolutive. Un tel acte ne permet pas à la personne de mourir; on met fin à sa vie. Si elle est pratiquée à la demande ou avec le consentement de la personne mourante, l'euthanasie est dite volontaire; dans le cas contraire, elle est involontaire, c'est-à-dire sans le consentement du malade ». Ainsi, il arrive qu'au cours d'une maladie, il n'y ait plus de possibilités de rétablir la santé. Les fonctions ou l'état de conscience sont tels qu'il n'est plus possible de renverser le processus de la mort. L'usage agressif d'une technologie sophistiquée (l'acharnement thérapeutique) ne parvient tout

---

1. *European journal of palliative care*, 1995; 1, 1: 57-9.

au plus qu'à prolonger l'agonie et repousser l'échéance de la mort. On parle alors, à juste titre, de ne pas initier ou d'interrompre des traitements qui, au lieu de stabiliser la vie de la personne, ne font que prolonger indûment l'agonie.

Par ailleurs, certains emploient abusivement la notion d'euthanasie « passive » pour désigner l'arrêt des soins curatifs, alors qu'il n'y a pas euthanasie, puisqu'il n'y a pas l'intention de tuer. Tenter de soulager la douleur du malade avec de la morphine n'a rien à voir non plus avec l'euthanasie, même dite « passive ». Ce soin ne doit pas être confondu avec l'utilisation abusive et disproportionnée de la morphine dans le but de tuer.

Mais le débat sur l'euthanasie est-il bien posé ? Être « pour » ou « contre » ne veut rien dire **hors du contexte spécifique de chaque mourant.**

## QUI DEMANDE QUOI ?

La demande d'euthanasie formulée par le malade n'est pas forcément l'expression d'un désir de mort. Les soignants qui travaillent dans les unités de soins palliatifs reçoivent parfois de telles requêtes lors des premières rencontres avec le patient. Or, on remarque que, dans la grande majorité des cas, ces demandes tendent à disparaître au fil du temps, parallèlement à la mise en place des soins. Quelle est donc cette demande de mort qui s'estompe finalement ? Quelle valeur véritable lui donner ?

### L'extrême ambivalence du malade

Quand pèse la menace de la maladie grave, le malade ne peut pas s'empêcher d'anticiper une aggravation de son état. Il imagine le pire et fait des recommandations à ses proches et à son médecin : il demande une abstention de traitement, voire une euthanasie et refuse l'acharnement thérapeutique dans le cas où il perdrait toute son autonomie ou s'il se retrouvait en état végétatif. Mais souvent, à mesure que la maladie progresse, ce désir initial se modifie. Le malade revient sur ce qu'il a dit ou il reste dans le flou, indécis sur ses propres positions. Tout va trop vite, tout devient trop incertain et effrayant.

Ainsi, il faut bien comprendre que c'est de cet état d'esprit, fait de peur, d'ambivalence extrême et de confusion, qu'émerge la demande du malade. Une demande qui parle tantôt de vie, tantôt de mort, tantôt de lutte, tantôt de renoncement..

Ce désir plein de doutes peut s'adresser de façon différente selon les personnes : à un ami, il va parler de combativité et d'espoir de guérison ; à un parent, il va montrer sa panique devant l'évolution de son mal ; à une infirmière, parler d'un projet de vacances. Et il va demander à son médecin qu'on le tue car il n'en peut plus de vivre. Les multiples versants de la parole du malade, reflétant son désarroi et son ambivalence, invitent donc à ne pas prendre au pied de la lettre un seul niveau d'expression. D'autres sont énoncés en même temps et il faut impérativement les prendre en compte. La parole du malade ne peut pas être réduite à sa seule demande d'euthanasie.

## Du côté des soignants

« Les demandes d'euthanasie surviennent très fréquemment dans un contexte de persévérance thérapeutique, voire d'acharnement thérapeutique, qui envahit tout l'espace de soin », souligne le docteur Mallet. Pour se faire entendre au-delà du déploiement technologique où il se sent disparaître, le patient n'a pas d'autre choix que de formuler une demande extrême, la seule audible apparemment par les médecins : la demande d'euthanasie!

Cela fait l'effet d'une bombe! Les soignants la reçoivent comme une intolérable violence. Soudain, on fait marche arrière avec arrêt de tous les traitements, administration de tranquillisants et de morphine en quantité faramineuse. On pense sincèrement soulager, on ne souhaite pas tuer, mais, par derrière, n'est-ce pas le désir d'« endormir », de faire taire, de supprimer cette terrible parole et le refus d'écouter ce qui se dit véritablement?

## Du côté des proches

Le danger d'une proximité trop intense avec le malade est de perdre toute distance entre soi et lui. **S'identifiant progressivement à ce qu'il vit, on en arrive à ressentir dans son propre corps ses souffrances et ses tourments.** Cette confusion conduit à des projections massives des proches sur le malade. Ils ressentent bel et bien sa douleur et sa détresse! Finalement, il arrive un moment où cela devient tellement insupportable de se mettre à sa place qu'on en vient à souhaiter pour lui une euthanasie, même si le patient n'en a jamais parlé! Cette demande ne révèle pas un réel désir de tuer le malade mais surtout le besoin de faire disparaître pour l'entourage l'intolérable douleur que provoque le spectacle de la souffrance du patient.

Il existe également des situations où le malade perçoit combien il représente une charge importante pour son entourage. Celui-ci peut réellement être à bout de forces, avoir envie que «tout cela s'arrête». Que perçoit alors le malade de cette lassitude dont il est la cause et qui n'est jamais exprimée explicitement? Ne subit-il pas son influence? Finalement, certains patients qui demandent l'euthanasie expriment peut-être le désir de mort inconscient qu'ils ressentent autour d'eux?

Patrick Verspieren résume bien le paradoxe de ces demandes : « Tel malade désire mourir, mais ce désir n'est pas nécessairement le fruit de sa seule liberté ; il peut être la traduction de l'attitude de son entourage, sinon de la société tout entière, qui ne croit plus en la valeur de sa vie. Suprême paradoxe : l'entourage rejette inconsciemment le malade de la communauté des vivants et celui-ci pense vouloir personnellement sa mort. » Que devient alors l'idée que le malade décide de sa mort, en toute indépendance et en toute autonomie ?

## Du côté du malade

Quand on regarde de plus près ce qui pousse un malade à demander l'euthanasie, on retrouve les raisons suivantes : sentiment de perte de dignité, douleurs, perception d'une fin de vie dénuée de sens, refus de la dépendance, lassitude de vivre, peur de l'abandon, peur de la perte des facultés mentales, détérioration de l'image corporelle.

### La douleur physique

Selon une enquête récente[1], 47 % des personnes réclamant l'euthanasie allèguent la douleur comme une des raisons de leur décision. Pourtant, on l'a vu plus haut, la douleur physique peut être maîtrisée.

Cependant, si on estime à **90 % les douleurs d'origine cancéreuse qui pourraient être soulagées, seulement 30 % d'entre elles sont correctement prises en charge**. La principale résistance vient des médecins eux-mêmes : 36 % d'entre eux rechignent à prescrire de la morphine, par crainte essentiellement (59 % d'entre eux) d'induire une dépendance. Or, on sait que le risque n'est que de 0,3 % environ. « Si les résistances à l'utilisation de la morphine disparaissent, affirme le

---

1. SOFRES.

docteur Mallet, beaucoup de demandes d'euthanasie disparaîtront d'elles-mêmes. »

## La demande d'euthanasie en tant que protection psychique ?

La demande d'euthanasie peut aussi être comprise comme une manière d'exprimer autre chose qu'un désir de mort : elle peut même, paradoxalement, révéler un désir de vie quand, par exemple, elle est utilisée en tant que mécanisme de protection contre l'angoisse de la maladie. Ainsi, pour une personne qui toute sa vie a voulu garder tout contrôle sur les actes, les décisions et les circonstances de son existence, la demande de mort « maîtrisée » n'est pas tant un désir de mourir que l'expression d'une volonté de continuer à vivre sur ce même mode de fonctionnement.

## La dignité

Devenir dépendant, avoir besoin d'autrui pour les gestes les plus intimes de la vie, voir se dégrader l'image qu'il a de lui et qu'il donne aux autres, voilà ce qui conduit le malade à se juger sans dignité. Et il demande la mort comme un ultime acte de liberté. Mais est-on vraiment libre quand on dépend du jugement d'une société qui exige jeunesse, autonomie et productivité ? Dans ce contexte, répondre à la demande d'euthanasie revient à renforcer l'idée que c'est effectivement juste d'éliminer tous ceux qui ne sont pas conformes à ces exigences.

Quand le malade dit : « Je ne trouve pas de sens à ce que je vis » ou « ma vie ne sert à rien », non seulement il exprime la souffrance d'un être humain qui a perdu ses repères, mais il lance aussi un appel à qui pourra entendre sa plainte, afin qu'on l'aide à redonner du sens à ce qui, à ses yeux, n'en a plus. C'est l'ultime appel à la relation avec autrui !

L'attitude des proches, de l'entourage et des soignants prend alors une place fondamentale : soit ils confirment le malade dans l'image dévalorisée de sa vie « inutile », soit ils essaient d'entendre la réelle question du malade (« Est-ce que j'existe toujours pour toi, maintenant, au-delà des apparences de ma dégradation physique ou psychique ? »).

Lui montrer qu'il existe, c'est être aussi capable d'entendre cette souffrance. Si on ne fuit pas devant elle, si on ne cherche pas à l'étouffer car elle nous apparaît trop violente, alors la personne malade saura qu'elle continue à exister, même à ce point extrême de sa vie.

## Que dire ? Que faire ?

La demande d'euthanasie est bien trop complexe pour qu'on puisse proposer une conduite à tenir applicable à toute situation. On ne peut là que reprendre les propositions du Dr Mallet pour suggérer les grandes lignes d'une démarche qui est, de toute façon, toujours délicate.

### Prendre la demande en considération : s'asseoir et écouter

Beaucoup de demandes d'euthanasie ne sont pas prises en compte. On les évite, on les nie et on ne fait que renvoyer le malade à sa solitude. Il ne s'agit pas de chercher d'emblée à débattre ou à convaincre ; mais d'être à l'écoute d'une personne qui demande la mort. Même si son histoire nous semble insupportable, il ne faut pas (si on le peut) se soustraire à cet échange qui permet de continuer à donner du sens et de la valeur à cette relation où même ce qui est intolérable peut encore être énoncé et partagé.

Dans un deuxième temps, on doit rechercher quelles difficultés arrêtent le malade et sur lesquelles il serait possible d'agir : douleur mal contrôlée ? Refus des exa-

mens contraignants ? Refus des traitements ? Souffrance psychologique (dépression, anxiété) ? Sentiment
de dévalorisation, d'indignité ? Impossibilité de réaliser un projet ? Difficultés relationnelles avec un proche,
avec la famille ?... Chaque hypothèse doit être explo-
rée avec soin.

## Parler

« La demande d'euthanasie appelle une réponse, que
cette réponse aille ou non dans le sens de cette
demande. » Tout le travail consiste ensuite à apporter
des éléments de réponse et d'apaisement aux différents
niveaux de souffrance de cette personne : traitement
de la douleur, arrêt des examens et de certains traitements, changement de lieux de soins (domicile, unité
de soins palliatifs), soutien psychologique et accompagnement psychologique des proches, etc.

Cette démarche ne nie pas la demande d'euthanasie. Celle-ci est au contraire écoutée et entendue, en
tentant de chercher ce à quoi elle renvoie en profondeur. « Si la demande d'euthanasie est un cri de souffrance, écrit Jeanne Pillot, psychologue à Grenoble, il
est néanmoins important de savoir que la traversée de
cette souffrance ne pourra pas toujours déboucher sur
une maturation, un approfondissement ou un réinves-
tissement positif de l'existence. L'important pour notre
société est que ses membres ne soient pas acculés à
l'euthanasie par manque de rigueur dans les soins de
la douleur, par manque de présence et d'écoute de la
souffrance morale, par manque de respect pour un être
humain qui ne répond plus aux critères ou aux valeurs
d'une société.

« Si une solidarité se manifeste autour de l'homme
qui souffre, physiquement ou moralement, afin de lui
offrir la possibilité d'en faire un tremplin vers une avancée autre dans sa vie et si, malgré cela, il décide que sa
vie ne vaut pas la peine d'être vécue, alors, au moins, il

n'aura pas été contraint ou poussé à l'euthanasie en tant que "solution" à sa souffrance. Son option personnelle est alors du ressort de sa propre responsabilité.

« Elle n'aura pas été choisie parce que la société l'aura abandonné ou qu'elle lui aura refusé le droit de vivre et de témoigner de sa souffrance. Mais si cette demande est respectable, peut-elle, pour autant, s'exercer comme un droit ? »[1]

---

1. Jeanne Pillot, « L'écoute dans l'accompagnement de la souffrance », *JAMALV*, n° 37, juin 1994.

# CHAPITRE 10

# LES DERNIERS INSTANTS DE LA VIE

La mort a de multiples visages. Elle peut survenir en un instant, soudaine, inattendue, et laisser derrière elle un sillage d'incompréhension et de temps en suspens où il faut apprendre à dire au revoir à quelqu'un qui est déjà parti.

Parfois, cependant, elle décide de prendre son temps et il nous est demandé d'accompagner ce lent processus. Et il y a des questions qu'on n'ose pas poser. On n'a peut-être jamais vu mourir quelqu'un : que se passe-t-il alors ? À quoi s'attendre ? Y a-t-il des choses à faire ? Au domicile ou à l'hôpital, on a besoin de savoir à quoi ressemblent les derniers instants de la vie. On a souvent un peu moins peur de ce qu'on connaît déjà.

## LE PROCESSUS DE LA MORT

Même si la mort de cette personne qu'on accompagne aujourd'hui est unique, il existe cependant des étapes communes dans le processus de mort :
• les prémices de la mort à venir ;
• le processus de mort physique ;
• le moment de la mort.

## La première étape : les prémices de la mort à venir

Elle va durer de quelques jours à quelques semaines. La vie commence à se retirer de ce corps fatigué : il a moins besoin de nourriture et de boisson et il devient vain de vouloir à tout prix lui faire absorber ce qui ne lui est plus nécessaire ; la respiration se modifie sensiblement ; les cycles de veille et de sommeil sont de plus en plus perturbés ; la douleur physique semble plus intense et il est parfois souhaitable d'ajuster les traitements antalgiques.

C'est pour le malade le temps d'un retrait affectif : parvenu à ce stade, il va progressivement opérer un mouvement de recul par rapport au monde. Finalement, il ne garde auprès de lui que les proches immédiats et limite les visites à quelques personnes qui deviennent ses seuls interlocuteurs. Certains se retrouvent exclus et vivent avec souffrance ou culpabilité cette mise à distance. Pourtant, il ne s'agit pas d'un rejet : cette personne malade, parvenue au terme de son existence, a besoin d'amorcer un processus de repli qui l'amène à couper les liens qui la retiennent à sa vie passée. Elle a besoin de se recentrer sur elle-même et de garder ses forces pour affronter son quotidien. Elle doit faire taire le brouhaha de ce monde pour se préparer intérieurement à cette ultime étape. Ce processus implique que beaucoup de choses et beaucoup de gens vont perdre de leur importance.

Il arrive parfois que le malade décide lui-même du moment de la séparation.

Je pense à un garçon prénommé Philippe qui était hospitalisé à l'unité de soins palliatifs de Villejuif. Quelques jours avant sa mort, il « convoqua » sa famille à l'hôpital. Il les invita, un par un, à entrer dans sa chambre et là, en dépit d'une gêne respiratoire importante, il parla longuement à chacun d'eux. Ils évoquèrent le passé et tout ce qu'ils avaient vécu ensemble. À chacun, il dit au revoir de cette façon. À la suite de cette journée éprouvante physiquement, il ne garda que son père à ses côtés. Il ne souhaitait plus personne d'autre. Il est mort deux jours plus tard.

C'est également à ce stade final de la maladie qu'émerge le désir pressant de résoudre l'*unfinished business*, les dernières affaires en suspens, dont nous avons parlé plus haut : tenter d'apaiser une relation conflictuelle ou dire son amour quand on en a encore le temps ; parler de ses obsèques ou de toutes ces autres choses qu'on n'a jamais osé aborder auparavant.

C'est un temps où la peur peut grandir et où la colère, la tristesse ou la détresse s'expriment avec une intensité accrue. Parfois, c'est la paix d'une calme acceptation qui lentement s'installe.

Quels que soient les émotions ou les sentiments exprimés, là, plus que jamais, cette personne a besoin de se connecter à ceux qu'elle aime. Cette connexion sera d'autant plus profonde et intime qu'on aura pris soin de la développer bien avant le stade terminal : c'est un des enjeux cruciaux de l'accompagnement.

### La désorientation

Le niveau de conscience et d'attention peut diminuer au fil du temps : le malade devient parfois de plus en plus confus ; il perd ses repères dans le temps et dans l'espace (il ne sait plus la date ni l'heure, il confond le jour et la nuit, le domicile et l'hôpital). Il peut ne plus reconnaître les gens qui l'entourent ou se tromper sur leur identité.

Il est important de lui restaurer les repères perdus et de créer un environnement le moins agressif possible : on peut installer un gros réveil à ses côtés, afin qu'il puisse lire l'heure facilement, mettre au mur un calendrier indiquant clairement le jour et la date et garder une veilleuse allumée la nuit, pour éviter qu'il se réveille perdu dans l'obscurité. Il faut éviter le bruit et un trop grand nombre de personnes dans la chambre; de même, il faut lui parler doucement et posément (sans pour autant utiliser un langage infantilisant !). On doit ne pas le laisser dans l'incertitude sur quelque chose qu'il ne comprend pas et lui expliquer qui on est s'il ne nous reconnaît pas, avec des termes simples et des phrases courtes. Enfin, on prendra soin d'agir avec des gestes posés, sans mouvements brusques qui pourraient l'effrayer.

### L'agitation

Des épisodes d'agitation risquent de survenir, plusieurs jours ou plusieurs semaines avant le décès : le malade s'agite dans son lit, fait des mouvements désordonnés, essaie parfois de quitter son lit. Ceci est très éprouvant pour les proches. Dans la mesure du possible, il vaut mieux éviter d'attacher le malade car cela accroît sa panique et son impuissance.

Il faut toujours essayer de trouver les causes de cette agitation car on peut traiter certaines d'entre elles.

• **Des raisons physiques :** des accès d'agitation se retrouvent quand la douleur est mal contrôlée et que le malade ne peut pas s'exprimer (coma ou langage trop incompréhensible). On doit toujours penser à une douleur non calmée devant tout comportement inhabituel chez un patient auparavant calme. De même, la rétention d'urine, la constipation extrême (fréquente avec la morphine), l'hypoglycémie, les effets secondaires de certains médicaments peuvent induire des états d'agitation, surtout quand le patient ne peut pas communiquer correctement. L'agitation peut également être secondaire à des lésions cérébrales (métastases, encéphalite).

• **Des raisons psychiques :** elles sont difficiles à évaluer car le niveau de vigilance du malade est souvent altéré et il lui est impossible d'expliquer ce qui le tourmente. L'angoisse devant l'imminence de la mort est une cause fréquente d'agitation lors de la fin de vie. Mais l'agitation peut aussi traduire la frustration du malade de ne pas pouvoir communiquer : il est, par exemple, paralysé par une hémiplégie, ou à demi conscient, ou encore il ne peut plus s'exprimer de façon intelligible ; alors il s'énerve et s'agite car ses tentatives pour entrer en contact avec l'entourage échouent.

L'agitation du malade peut être secondaire à un climat de conflit ou de tension dans son entourage. Si, par exemple, des proches commencent à se dresser les uns contre les autres, en pensant que le malade n'entend pas car il est inconscient, il est possible que celui-ci perçoive le conflit, sans pouvoir y participer. Il tente néanmoins vainement d'intervenir. Ces efforts se traduisent par un état d'agitation que personne ne comprend.

## La deuxième étape : l'accélération du processus

Elle dure de quelques heures à quelques jours. À ce stade, il se produit une accélération manifeste des dégradations physiques et psychiques. La température des extrémités (bras et jambes) diminue et ce refroidissement progresse vers le centre du corps, là où se trouvent les organes vitaux. Parallèlement, la coloration de la peau se modifie ; la respiration devient irrégulière. L'agitation peut persister, tout comme la désorientation ou la peur, alternant parfois avec des périodes de calme et de repos.

### L'altération de la conscience

Les atteintes cérébrales et les modifications du métabolisme entraînent souvent une altération des fonctions mentales du malade. Une conséquence fréquente est que le malade ne reconnaît plus ses proches, ce qui est très douloureux pour eux : une mère demande à son fils qui il est et elle réclame que son « vrai » fils vienne à son chevet ; un homme refuse de parler à son épouse car il affirme ne pas la connaître.

On a l'impression de perdre encore plus cette personne qu'on aime car on ne peut plus communiquer comme autrefois. Le deuil de la relation commence et c'est profondément bouleversant. Mais, dans la mesure du possible, il faut se faire violence pour ne pas communiquer au malade son désarroi. Cette perte de la faculté de reconnaître autrui est signe qu'il est en train de perdre bien d'autres repères (les lieux, les souvenirs, etc.). Il se perçoit dans un environnement qui peut lui sembler étranger. Il a avant tout besoin de se sentir en sécurité. Si on le peut, on doit s'efforcer d'être le plus serein possible, en lui rappelant calmement qui on est. Même si, finalement, on n'est pas reconnu, assurer une présence paisible à ses côtés et continuer de lui parler comme on le faisait auparavant restent les moyens privilégiés de rester avec lui dans une grande proximité de cœur.

### Le coma

Le coma traduit une déconnexion de la conscience. Il survient de quelques heures à quelques jours avant le décès, mais il n'est pas constant ; certains malades restent conscients jusqu'à la fin de leur vie.

C'est un temps d'intense souffrance pour les proches : la relation est désormais rompue ; tout ce qui en faisait la richesse commence à appartenir au passé et il devient difficile de venir tous les jours à l'hôpital sans rien pouvoir partager. Quand le coma se prolonge sur plusieurs jours, on observe parfois un retrait progressif de certains proches : comme la relation n'existe plus, le deuil s'initie avant même le décès. Le patient est perçu comme déjà mort car ce qui constituait l'essence de la relation a dorénavant disparu. L'équipe soignante a là un rôle essentiel à jouer en aidant les proches à revenir auprès du malade car, même inconscient, celui-ci a toujours besoin d'eux. Cette démarche est importante car elle permet de réduire la culpabilité des proches qui se reprochent après le décès d'avoir abandonné le malade.

## La troisième étape : le moment de la mort

Bien que cette dernière étape ne dure que quelques minutes, son impact est tel qu'elle peut rester en mémoire durant toute une vie.

La respiration devient irrégulière, avec des pauses respiratoires de plus en plus fréquentes, jusqu'à ce que le malade expire son dernier souffle. Quelques instants plus tard, son cœur cesse de battre.

Le refroidissement progressif et la rigidification du corps seront parmi les dernières manifestations visibles du retrait de la vie.

## PRENDRE UN PEU DE TEMPS POUR SOI

Ces derniers instants que l'on traverse avec le malade sont si intenses qu'il est indispensable de ne pas perdre pied au cours du processus. Il est en effet prouvé que la qualité des soins que l'accompagnant prodigue à la personne mourante augmente considérablement quand il accepte d'abord de prendre soin de lui. Il est ainsi vital, pour soi et pour ce malade qu'on accompagne, de rester vigilant sur ses propres besoins.

Le stress de cette ultime phase a de violentes répercussions aussi bien physiques (fatigue ou même épuisement, insomnie, perte d'appétit, douleurs abdominales ou musculaires, maux de tête, etc.) que psychiques : il faut, coûte que coûte, continuer à prendre

soin de son propre corps, en lui apportant suffisamment de repos, de nourriture et d'exercice.

La gamme des émotions ressenties est vaste et sans
cesse fluctuante : on oscille entre la peur et la tristesse,
la colère et la culpabilité, le soulagement et le sentiment
de perte, de séparation et d'abandon. Parfois émergent
une énorme tendresse et le besoin d'une étroite proximité. Certains parviennent à donner à ces longues
heures de veille une tonalité spirituelle et connaissent
parfois la grâce d'un état de paix et de sérénité.

Ainsi, plus que jamais, on a besoin d'être aidé car il
est presque impossible de gérer totalement seul ces
derniers instants. On peut difficilement trouver soi-
même le juste équilibre entre les besoins du malade,
les siens propres et ceux des autres dont on a également la charge. Une aide est nécessaire pour continuer
à s'occuper du quotidien et de toutes les contingences
matérielles qui parasitent le temps qu'on voudrait
consacrer au malade.

Mais, surtout, on a besoin de partager ce qu'on est
en train de vivre. On a besoin de parler, de se confier
et d'exprimer ses émotions en toute sécurité et sans
jugement. On a besoin d'être serré dans les bras, de
pleurer, de prier éventuellement avec quelqu'un.

Il faut savoir prendre son temps, même si ce temps
semble compté. Car le souvenir de ce qui se passe
aujourd'hui est trop précieux par la suite pour qu'on
prenne le risque de tout bâcler. Cependant, on ne
pourra vivre pleinement ces instants qu'en fonction de
ce qu'on aura pu anticiper et préparer bien avant la
phase terminale de la maladie.

## LES DERNIERS INSTANTS

Alors que la mort s'approche, il n'y a désormais plus
rien à faire véritablement. Le « savoir-faire » cède le pas

au « savoir-être » : il nous est simplement demandé d'être présent auprès de celui ou celle qui s'en va.

Cela ne veut pas dire qu'on pourra être là, à ses côtés, au moment de sa mort. Qui sait si cette personne ne « choisira » pas de partir quand nul n'est présent, afin peut-être de se sentir plus libre, sans craindre que la peur ou l'amour de ceux qui l'entourent ne la retiennent ?

Cette possibilité d'un départ solitaire souligne combien il est essentiel de ne pas remettre à plus tard ce qu'on a besoin d'exprimer sur l'instant. Car « plus tard » peut signifier « trop tard » si le malade décède soudain ou s'il plonge brusquement dans le coma.

Néanmoins, si on en croit les personnes qui sont sorties de comas profonds à la suite d'accidents graves, il semble que, même inconscients, nous captions toujours la présence, les paroles et l'amour de ceux qui nous entourent. Alors, en dépit de tout, une dernière chance de lui ouvrir notre cœur nous est encore donnée. Christine Longaker a écrit que « la douleur qui restera en nous est l'amour qu'on aura retenu en soi. »[1]

Il est donc peut-être temps de dire au revoir. Cette personne qui s'apprête à mourir a besoin de savoir qu'elle peut maintenant lâcher prise. Elle a besoin d'entendre que nous acceptons son départ et que, malgré notre douleur de la voir partir, elle ne doit plus s'inquiéter pour nous qui restons derrière elle. En acceptant de formuler notre au revoir, en la laissant mourir sans chercher à la retenir, nous aussi nous lâchons prise. Nous nous signifions à nous-même la fin de cet accompagnement, au seuil d'une vie où il va falloir apprendre à vivre sans cette personne aimée.

Je me souviens d'un soir d'automne, à la Salpêtrière. Un jeune garçon était en train de mourir et il était seul

---

1. In *Facing death and finding peace*, Arrow.

dans sa chambre, inconscient. À côté, cependant, dans la pièce de repos destinée aux patients du service, sa famille attendait, assise en silence : ils n'osaient pas entrer ; il avaient peur et ne savaient que faire.

Je me suis approché de la sœur de ce garçon et nous avons commencé à parler. Je lui ai demandé ce qu'elle aurait besoin de dire à son frère aujourd'hui, s'il était toujours conscient : alors, elle parla de sa douleur, de ses regrets, de son amour et de son admiration pour lui qui avait montré tant de courage au cours de la maladie.

« Pourquoi ne pas le lui dire maintenant ? » Elle me regarda, étonnée, presque choquée que je puisse lui suggérer cela.

Je lui ai parlé de l'importance de telles paroles ; ses parents écoutaient, toujours silencieux. Finalement, elle se leva et entra dans la chambre. Elle s'assit tout près de son frère et commença à lui parler doucement à l'oreille. Une seule fois, elle leva les yeux vers moi : « Vous êtes sûr qu'il m'entend ? » Je lui ai répondu que je n'en savais rien mais que je croyais que c'était important qu'elle le fasse.

Quelques instants plus tard, la mère entra elle aussi et prit la place de sa fille pour parler à son fils une dernière fois. Puis ce fut le tour du père et des autres frères. Tous se retrouvèrent enfin dans la chambre ; ils amenèrent des chaises de la salle de repos et veillèrent leur parent, toute la nuit. Ils semblaient apaisés d'avoir pu lui parler.

Il est mort au petit matin.

# Conclusion

Le jour de notre naissance porte en lui l'instant de notre mort. Ces extrêmes, fruits du hasard ou de tout autre chose, délimitent un temps que nous appelons notre vie et, entre ces deux points, nous tentons d'écrire notre histoire.

Poussé par une nécessité intérieure, nous ressentons parfois le désir pressant d'écrire quelque chose qui en vaudrait vraiment la peine. Un authentique chemin de vie, digne de ce nom, qui compterait au regard du monde et à nos propres yeux. Une source vive qui apaiserait ou inspirerait ceux qui voudraient bien y boire. N'a-t-on pas l'espoir que ce temps, si court et si fragile, puisse faire une petite différence, quelles que soient la portée et l'ampleur de ce que l'on souhaite accomplir ?

Nous n'avons pas choisi de naître, nous n'avons pas eu le choix ni de la qualité du papier de notre livre de vie, ni du type de plume pour l'écrire, ni encore de la couleur de notre encre. Mais il n'en reste pas moins que ces pages sont vierges et en attente de nous, où que nous soyons. Ce qu'on y écrit relève de notre liberté à faire « au mieux » avec ce que nous avons entre les mains. C'est notre responsabilité vis-à-vis de nous-même.

La maladie grave de quelqu'un qu'on aime nous

contraint à entamer un autre chapitre. Que va-t-on, que peut-on, que veut-on y écrire? Quelle tonalité donner à cette expérience de vie qui interroge et remet en question l'amour, l'amitié ou les liens du sang? Au bout du compte, que signifie pour nous le fait d'être là à ses côtés, au-delà de l'incontournable obligation d'assumer les contraintes du quotidien? Au nom de quoi reste-t-on, malgré le désir parfois de tout laisser quand cela devient trop dur?

Les événements de notre vie n'ont pas de sens par eux-mêmes, mais en revanche, ils prennent celui qu'on leur donne. Quand une situation devient trop incompréhensible ou trop douloureuse, on a besoin de prendre du recul pour ne pas être écrasé psychologiquement. Or, le fait de **donner du sens** aux événements aide à créer ce nécessaire recul, cette indispensable mise à distance entre soi et la situation qui fait mal.

Plus on a mal, plus on essaie (et plus on a besoin) de trouver un sens à la douleur. Ainsi, chercher du sens, c'est tenter de donner une direction à notre souffrance (quelle qu'elle soit), pour lui permettre de s'écouler et de s'évacuer, car, sans la possibilité de donner du sens, on est exposé au risque d'être submergé par cette même douleur. La douleur de l'accouchement devient tolérable car elle porte un sens précis : mettre au monde un enfant. À l'inverse, la douleur physique et psychique résultant d'un cancer est intolérable car elle paraît absurde ; elle ne « sert » à rien. Ainsi, la personne malade a besoin de donner un sens à ce qu'elle vit, pour sortir de l'enfermement mental généré par la maladie, même si cette quête de sens s'avère très difficile. Cette démarche est néanmoins nécessaire et le malade s'y engage d'ailleurs spontanément, quand il se demande « mais pourquoi tout cela? ». Il est presque contraint à cette recherche intérieure, qu'il parvienne ou non à la mener à bien.

Pour ceux qui l'accompagnent, la pression n'est pas aussi grande. Leurs vies ne sont pas aussi directement menacées. Ils ont d'emblée plus de recul et ont donc moins besoin de « sens ». D'ailleurs, le fait d'aider et de prendre soin du malade n'est-il pas le plus souvent riche de sens pour eux, dans la mesure où ils trouvent là un moyen d'exprimer leur amour ou leur attachement ? Mais quand la fatigue, la lassitude ou l'épuisement s'installent, quand l'ennui ou la rancœur montent, la souffrance éprouvée ne conduit-elle pas à rechercher pour soi également le pourquoi de cette situation ? La quête de sens s'initie alors.

C'est précisément par le sens qu'on parvient à donner à cette expérience de vie, qu'on peut continuer à être vraiment présent et investi auprès de cette personne qu'on aime. Quel est-il alors ? De quoi s'alimente-t-il pour tenir la route, au-delà des embûches ?

Sa recherche nous invite à nous pencher sur la nature de la relation qui nous lie à cette personne et, de façon plus globale, sur les valeurs qui sous-tendent nos actes et nos pensées. On est en effet amené à redéfinir plus clairement (ou même à découvrir) l'essence même de ces liens, à clarifier ce que l'on met vraiment derrière les mots « amour », « amitié », « partage », « respect », « confiance » ou « authenticité ». En explorant les véritables moteurs de notre relation à l'autre, on est immanquablement convié à un autre regard sur nous-même, sur ce que nous croyons valoir, sur ce que nous pensons pouvoir donner. Cette démarche, qui contribue à « créer du sens », creuse en nous de profonds sillons ; elle est capable de déterminer de puissants tournants de vie, à la condition qu'on accepte de lui accorder un peu de place.

Cette quête de sens nous confronte aussi à notre désir pour nous-même et pour cette autre personne. Elle nous met face à nos limites et à celles de l'autre. Si, par exemple, notre présence auprès de lui ne prend de sens pour nous que dans une communication étroite et un partage en profondeur, notre désir de mettre cela en acte se heurte parfois au « non-désir » du malade de suivre cette même voie. Parler ne fait peut-être pas partie de ses priorités. Et on se voit ainsi privé de ce qui donne du sens et de la valeur à notre implication auprès de lui.

Combien de fois notre désir est-il battu en brèche dans sa confrontation au désir de l'autre ! Nos idées sur la maladie, sur l'accompagnement et, éventuellement, sur la fin de vie, n'ont peut-être aucune correspondance avec celles de cette personne.

Face à la maladie grave, on est contraint de **faire le constat qu'on ne sait rien,** tout comme cette personne dont on s'occupe ne sait rien non plus. On doit alors s'abandonner à un état intérieur de « je ne sais pas » où il nous est demandé d'accueillir ce qui se passe, au moment où cela se passe, instant après instant, en acceptant « ce qui est », sans attente particulière, sans chercher à comprendre ce que, de toute façon, on ne peut comprendre et qui n'a peut-être pas besoin de l'être. On doit apprendre à « laisser faire », même si les dernières semaines de cette personne reflètent la beauté ou la médiocrité de cette vie qu'elle s'apprête à quitter. Et comprendre que ce n'est pas notre histoire. Car aimer cette personne, c'est aussi la laisser avancer sur son propre chemin, sans chercher à intervenir ou à la retenir, c'est la laisser dans sa solitude, tout en nous installant dans la nôtre, comme assis au bord d'un précipice, en regardant de l'autre côté ; on peut lui assurer notre amour et notre soutien, mais on sait que ce gouffre est infranchissable et qu'on ne pourra jamais la rejoindre.

Cela implique qu'on puisse aussi identifier et tolérer notre propre solitude, cette solitude fondamentale qui nous fait naître seul et qui est notre unique compagne à l'heure de notre mort. **Reconnaître en soi**

**cette solitude intrinsèque rend possible le fait de percevoir celle de l'autre qui est en face de nous.**

Ce regard et cette prise de conscience aident à créer le lien entre ces deux territoires intérieurs. C'est cette conscience de nos solitudes respectives qui fait qu'on peut comprendre un peu mieux l'autre en profondeur. Elle rend possible la relation car on ne s'épuise plus à essayer d'annuler la distance des cœurs : on ne se leurre plus sur l'illusion de la fusion qui fait croire que « un plus un fait Un ».

Enfin, en dépit de sa violence et de son absurdité, la maladie grave a quelque chose à nous apprendre. N'avez-vous jamais entendu cette personne dont vous vous occupez vous faire part de ses regrets de « ce qui aurait pu être » ? Ne fait-elle pas parfois le constat qu'elle a laissé passer des occasions, par négligence, par paresse, par complaisance ou par manque d'entrain ? Combien de promesses faites à elle-même n'a-t-elle pas tenues, portée par le cours tranquille d'une existence où parfois, cependant, pointait la frustration de ne rien en faire ?

N'est-ce pas maintenant que la maladie la limite dans tout ce qu'elle pourrait accomplir qu'émerge le désir d'entreprendre quelque chose, désir aussitôt muselé par la réalité de son état ? « Pourquoi n'ai-je pas fait tout cela quand je le pouvais encore ? Pourquoi ce qui compte vraiment m'apparaît-il seulement aujourd'hui, alors que je ne peux plus mener à bien ce que je voudrais accomplir ? » Que nous est-il donné à entendre à travers ses regrets, à nous qui sommes jusque-là indemne de toute maladie et des limitations qu'elle génère ? Risquerions-nous de tomber dans les mêmes remords si, demain, la maladie grave nous terrassait ? Que faisons-nous de notre vie, quand nous pouvons marcher sans souffrance, respirer sans suffoquer, penser sans confusion ?

Nous avons la responsabilité de notre existence ;

nous seuls pouvons décider de ce que nous voulons pour nous-même et de ce que nous sommes disposé à mettre en œuvre pour atteindre nos objectifs. Nous ne pouvons pas toujours accuser la société, notre éducation, ou même la génétique pour justifier les échecs de nos vies, car **il reste des choix qui relèvent de notre unique responsabilité.** Trop souvent, parce que cela semble plus facile, ne choisissons-nous pas l'inertie, la passivité ou la gratification immédiate ? Ce faisant, ne nous trahissons-nous pas nous-même dans nos aspirations les plus profondes, pour finalement nous étonner (ou nous plaindre) que nos vies aient si peu de relief ?

Ainsi, la maladie grave nous enseigne à être vigilant sur nous-même, nous qui prenons soin (ou avons pris soin) de quelqu'un dont les choix de vie se sont brutalement restreints. Essayons de toucher du doigt les regrets qui monteraient en nous si, aujourd'hui, nous tombions malade. Et attardons-nous à ce qui fait obstacle à la réalisation de nos rêves les plus chers. Qu'est-ce qui est alors de notre propre ressort ? Où et comment avons-nous la possibilité de faire la différence entre ce qu'on pourrait regretter de ne pas avoir fait et ce qui peut contribuer aujourd'hui à nous faire progresser, si on franchissait le pas ? Sentons vibrer en nous ce qu'il y a de précieux et qui n'attend que nous pour prendre son essor.

Donnons-nous, ici et maintenant, les moyens de nos rêves et de nos aspirations. Dans les limites inévitables que la réalité impose, il nous est demandé de prendre des *risques* : oser essayer, oser entreprendre, oser la parole, oser la relation ; oser avancer, choisir, nous tromper, mais aussi grandir. Par expérience de la maladie grave, nous avons dorénavant conscience que ce qui nous lie à ceux que nous aimons est fragile (et c'est peut-être cette vulnérabilité qui donne à ce lien toute sa valeur). Nous savons, sans nous l'avouer l'un à l'autre, que cette relation aura une fin, qu'elle soit décidée par nous-même ou que la vie ou la mort en prenne l'initiative.

Et pourtant, fous que nous sommes, nous prenons le risque d'aimer, en sachant qu'ainsi nous ouvrons grande la porte à la souffrance de la séparation. C'est dans l'ordre des choses dans ce monde où rien n'est constant, où rien n'est fixe et immuable. C'est une loi qui régit nos existences et qu'il est vain de vouloir ignorer.

Cependant, loin de la considérer comme un poids ou une fatalité, elle nous invite à un détachement sans attente, à une expérience de l'instant dans toute sa plénitude, sans chercher à la retenir entre nos doigts impuissants, elle nous invite à risquer l'amour, la tendresse et l'ouverture du cœur, envers et contre tout.

On peut aussi choisir de ne jamais souffrir à cause de l'autre, mais cela implique qu'on décide de rester à jamais fermé à la seule chose qui donne du sens à l'existence. Certes, on ne souffrira pas (et encore...), mais qui pourrait souhaiter une aussi terrifiante sécurité ?

# Bibliographie

« Besoins et souffrance des soignants » *JALMALV*, n° 14, septembre 1988.

« Confusion/Anxiété/Psychotropes », *Annales du CREFAV*, Tome V.

BECKER Marilyn R., *Last touch, Preparing for a parent's death*, New Harbinger Publications, 1992.

BETH Barbara, *L'Accompagnement du mourant en milieu hospitalier*, Doin, 1985.

BUCKMAN Robert, *S'asseoir pour parler*, InterÉditions, 1994.

BUCKMAN Robert, *How to break bad news*, Paperback, 1992.

BUCKMAN Robert, *I don't know what to say*, Mac Millan, London Limited/Paperback, 1988.

CALLAHAN Daniel, *The troubled dream of life*, Simon § Schuster, 1993.

DICKENSON Donna/JOHNSON Malcolm, *Death, Dying and Bereavement*, (BUCKMAN page 172 - page 186), SAGE Publication, 1993.

DOYLE Derek, *Caring for a dying relative*, Oxford Paperbacks, 1994.

FAURÉ Christophe, *Vivre le deuil au jour le jour, La perte d'une personne proche*, Albin Michel, 1995.

GAUVIN Andrée, REGNIER René, *L'Accompagnement au soir de la vie*, Le jour, Québec, 1992.

GENTIL BAICHIS Yves de/ABIVEN Michel, *Vivre avec celui qui va mourir - Comment entourer les derniers moments de la vie*, Le Centurion, 1990.

GOLDENBERG E., « Mort - Angoisse et Communication », *JALMALV*, n° 24, 1991.

GOMAZ Jean-Marie, *Soigner à domicile des malades en fin de vie*, Le Cerf, 1989.

GUYOT Françoise, *Vous leur direz*, Éditions de la Pensée Sauvage, 1996.

HENNEZEL Marie de, *L'Amour ultime : le sens de la vie*, Hatier, 1991 et *La Mort intime*, Laffont, 1995.

ISRAËL Lucien, *La Vie jusqu'au bout*, Plon, 1993.

ISRAËL Lucien, *Vivre avec un cancer*, Éditions du Rocher, 1992.

KÜBLER-ROSS Elizabeth, *La Mort, dernière étape de la croissance*, Québec, 1974 et *Les derniers instants de la vie*, Labor et Fides, Genève, 1975.

« La mort à vivre » Autrement, n° 87, 1987.

LAMAU Marie-Louise (sous la direction de), *Manuel de soins palliatifs*, Dunod-Privat, 1995.

LEVINE Stéphen, *Sur le fil* et *Qui meurt ?* Le Souffle d'Or, 1992 et 1991.

M'UZAN Michel de, *De l'art à la mort*, Gallimard, 1977.

MALLET Donatien, *La Demande de l'euthanasie : parole à l'autre*, Diplôme Universitaire d'Éthique de la santé - Faculté libre de Médecine (Lille), USP Paul Brousse - Villejuif - 94800, octobre 1996.

MARTINO Bernard, *Voyage au bout de la vie*, Pocket, 1995.

Mc. CUE Kathleen, *How to help children through a Parent's Serious illness*, St. Martin's Griggin, New York, 1994.

MOODY Raymond, *La Vie après la vie*, Laffont, 1977.

NULAND Sherwin B., *How we die*, Vintage Books/Random House, New York, 1993.

PILLOT Jeanne, « L'écoute dans l'accompagnement de la souffrance », *JALMALV*, n° 37, juin 1994.

QUIDU Marguerite, *Le Suicide*, Les Éditions Sociales Françaises, 1970.

RABKIN Judith/REMIEN Robert/WILSON Christopher, *Good doctors, good patients - Partners in HIV Treatment*, NCM publishers, New York, 1994.

RIMPOCHE Sogyal, *Le Livre tibétain de la vie et de la mort*, Éditions de la Table ronde, 1989.

RONCH Judah L., *Alzheimer's disease, a practical guide*, Éd. Continuum, New York, 1991.

ROY-D/RAPIN C. H., « À propos de l'euthanasie », *European Journal of Palliative Care*, 1995, 1,1 : 57 - 9.

RUSZNIEWSKI Martine, *Face à la maladie grave*, Dunod, 1995.

SALAMAGNE Michelle, *Accompagner jusqu'au bout de la vie*, Cerf, 1993.

SAUNDERS Cicely (sous la direction de), *Soins palliatifs : une approche pluridisciplinaire*, Éditions Lamarre-Edisem, 1990.

SCHAERER René, « Peut-on disposer de sa vie et de la vie d'autrui quand elle est irrémédiablement menacée ? », *JALMALV* 1994, n° 39 : 26-32.

SÉBAG-LANOÉ Renée, *Mourir accompagné*, Desclée de Brouwer, 1986.

SHONE Neville, *Cancer - a family affair*, Press Sheldon, 1995.

SIMONTON Carl, *Guérir envers et contre tout*, Desclée de Brouwer, 1982.

SIMONTON Stéphanie Matthews, *La Famille, son malade et le cancer*, Desclée de Brouwer, 1984.

SIMS Ruth, MOSS Véronica, and Edward ANROLD, *Terminal care for people with AIDS*, 1991.

TAVERNIER Monique, *Les Soins palliatifs*, Presses Universitaires de France, « Que Sais-je ? », n° 2592.

VAN EERSEL Patrice, *La Source noire*, Grasset, 1986.

VASSE Denis, *La souffrance : le poids du réel*, Seuil, 1975.

VERSPIEREN Patrick, *Face à celui qui meurt, euthanasie, acharnement thérapeutique, accompagnement*, Desclée de Brouwer, 1986.

VERSPIEREN Patrick, « L'euthanasie : une porte ouverte ? », *Études*, 1992 ; 3761 : 63 - 74.

WATT Jill, *A caregivers's guide*, Counsel Press, 1994.

# Associations

## Soins palliatifs

Liste des centres de soins palliatifs et des consultations de la douleur, disponible auprès de la SFAP et de l'ASP.

SFAP (Sté française d'accompagnement et de soins palliatifs)
www.sfap.org
110, avenue Émile-Zola, 75015 PARIS
Tél. 01 45 75 43 86 - Fax. 01 45 75 43 13.

ASP (Associations pour le développement des soins palliatifs)
www.aspfondatrice.org
44, rue Blanche, 75009 PARIS
Tél. 01 45 26 58 58 - Fax. 01 45 26 23 50
Bénévolat : 01 45 26 58 56.

UNASP (Union nationale des associations pour le développement des soins palliatifs)
www.soins-palliatifs.org
44, rue Blanche, 75009 PARIS
Tél. 01 45 26 35 41 - Fax 01 45 26 23 92.

FASSAD (Fédération des associations de soins et services à domicile)
www.fassad75.org
33, rue Saint-Roch, 75001 PARIS
Tél. 01 49 27 98 78 – Fax 01 49 27 98 79.

JALMALV (Jusqu'à la mort, accompagner la vie)
Plusieurs antennes régionales
www.jalmalv.org

132, rue du Fbg-St-Denis, 75010 PARIS
Tél. 01 40 35 17 42 – Fax 01 40 35 14 05.
UNASSAD (Union nationale des associations de soins et de services à domicile)
www.unassad.net
108, rue Saint-Maur, 75011 PARIS
Tél. 01 49 23 82 52 – Fax 01 43 38 55 33.
Fondation Claude-POMPIDOU
www.fondationclaudepompidou.asso.fr
42, rue du Louvre, 75001 PARIS
Tél. 01 40 13 75 00.
Fondation de France
www.aidez.org/fondationdefrance.phtml
40, avenue Hoche, 75008 PARIS
Tél. 01 44 21 31 00.
CREFAV (Centre de recherche et de formation sur l'accom-pagnement de la fin de vie) - USP Hôpital Paul-BROUSSE
14, avenue Paul-Vaillant-Couturier, B.P. 200 - 94804 Villejuif.
ALBATROS
www.chu-lyon.fr/internet/accueil_usagers
33, rue Pasteur, 69007 LYON
Tél. 04 72 71 74 50 et antennes régionales.
ACCOMPAGNER
38, avenue du 20e-Corps, 54000 NANCY
Tél. 03 83 35 45 05.
Petits Frères des Pauvres
www.petitsfreres.asso.fr
72, avenue Parmentier, 75011 PARIS
Tél. 01 40 21 49 10.
Présence ASP (Accompagnement à domicile)
www.afif.asso.fr
127 bis, rue d'Avron, 75020 PARIS
Tél. 01 43 56 37 12.

## Associations spécifiques pour une maladie
Ligue nationale contre le cancer
www.ligue-cancer.asso.fr

12, rue Corvisart, 75013 PARIS
Tél. 01 53 55 24 00 – Fax 01 43 36 91 10.
Écoute CANCER
Tél. 0 810 810 821 (n° Azur).
ILCO (Association française pour les ilostomisés, colosto-
misés et les urostomisés)
187, boulevard Murat, 75016 PARIS
Tél. 01 45 27 13 70.
AAPI (Associations d'aide aux personnes incontinentes)
www.aapi.asso.fr
Service du Dr M.F. MAUGOURD-BIZEN
BP 31, 91750 CHAMPCEUIL
Tél. 01 69 23 20 76.
Association HUNTINGTON de France
www.huntington.fr
37, rue de la République, 92800 PUTEAUX
Tél. 01 47 76 23 29.
FRANCE ALZHEIMER
www.francealzheimer.com
21, boulevard Montmartre, 75002 PARIS
Tél. 01 42 97 52 41 – Fax 01 42 96 04 70.
FRANCE PARKINSON
37 bis, rue La Fontaine, 75016 PARIS
Tél. 01 45 20 22 20.
GIHP National (groupement pour l'insertion des personnes
handicapées physiques)
www.gihpnational.org
10, rue Georges-de-Porto-Riche, 75014 PARIS
Tél. 01 40 44 60 50 et 01 45 39 48 93.
APF (Associations des paralysés de France)
www.apf.asso.fr
22, rue du Père-Guérin, 75013 PARIS
Tél. 01 40 78 69 00.
IAS FRANCE (Fédération française des associations d'infor-
mations et d'aide aux stomisés)
Hôtel-Dieu (Service stomathérapie)
1, place de l'Hôpital, 69288 LYON Cedex 02

Tél. 04 78 92 20 43.
ARS (Association pour la recherche sur la sclérose latérale amyotrophique)
24, rue Lacharrière, 75011 PARIS
Tél. 01 43 38 99 89 – Fax 01 43 38 31 59.
AFD (Associations française des diabétiques)
www.afd.asso.fr
58, rue Alexandre-Dumas, 75011 PARIS
Tél. 01 40 09 24 25 – Fax 01 40 09 20 30.
Ligue française contre la sclérose en plaques
www.lfsep.asso.fr
40, rue Duranton, 75015 PARIS
Tél. 0 810 808 953 (n° Azur)
AIDES (Fédération nationale + antennes régionales)
www.aides.org
247, rue de Belleville, 75019 PARIS
Tél. 01 44 52 00 00 - 3615 AIDS.

**Associations pour les enfants**
Solidarité Enfants Sida - SOLENSI
www.solensi.asso.fr
72, rue Orfila, 75020 PARIS
Tél. 01 43 49 63 63 – Fax 01 43 49 01 07.
Dessine-moi un mouton
www.dessinemoiunmouton.org
3, rue du Belvédère, 92100 BOULOGNE-BILLANCOURT
Tél. 01 46 03 52 35.
Choisir l'Espoir (Association d'aide aux enfants atteints de cancer et à leur famille)
www.fraternet.org/espoir
73, rue Gaston-Baratte, 59493 VILLENEUVE D'ASQ
Tél. 03 20 64 04 99 – Fax 03 20 64 05 02.
Vaincre la mucoviscidose
www.vaincrelamuco.org
82, boulevard Massena, 75013 PARIS
Tél. 01 45 82 25 25.

Association des hémophiles
   www.afh.asso.fr
   6, rue Alexandre-Cabanel, 75015 PARIS
   Tél. 01 45 67 77 67.
Association des Lupiques (Lutte contre le lupus)
   25, rue des Charmettes, 75015 PARIS
   Tél. 01 45 67 77 67.
SOS Amitié
   www.sos-amitie.com
   Tél. 01 42 96 26 26 pour Paris
   Antennes régionales (consulter les renseignements télé-
   phoniques).
SIS (Sida Info Service)
   www.sida-info-service.org
   Tél. 0 800 84 0 800 (n° Vert).

# Remerciements

Je remercie tout particulièrement ici le Dr Michèle Salamagne, responsable de l'unité de soins palliatifs de l'hôpital
Paul Brousse à Villejuif. Ce livre porte l'empreinte de son
enseignement et de ma profonde reconnaissance.
Le Pr Marc Gentilini, ancien chef de service du département
des maladies infectieuses de la Salpêtrière à Paris.
Suzanne Hervier, psychologue.
Les Drs Mallet et Mignot, de l'unité de soins palliatifs de l'hôpital Paul Brousse.
Les équipes soignantes de l'unité de soins palliatifs et du service des maladies infectieuses de la Salpêtrière.
Et surtout, merci à toutes les personnes, patients et proches,
qui, par leurs témoignages et le courage de leur engagement,
ont rendu possible la rédaction de cet ouvrage.

# Table

Composition IGS
Impression Bussière, juillet 2005
Éditions Albin Michel
22, rue Huyghens, 75014 Paris
www.albin-michel.fr

ISBN : 2-226-13153-1
N° d'édition : 23739. – N° d'impression : 052573/4.
Dépôt légal : février 2002.
Imprimé en France.